カストロとゲバラ

JN184101

広瀬 隆
Hirose Takashi

インターナショナル新書 020

目次

1959年当時のキューバ

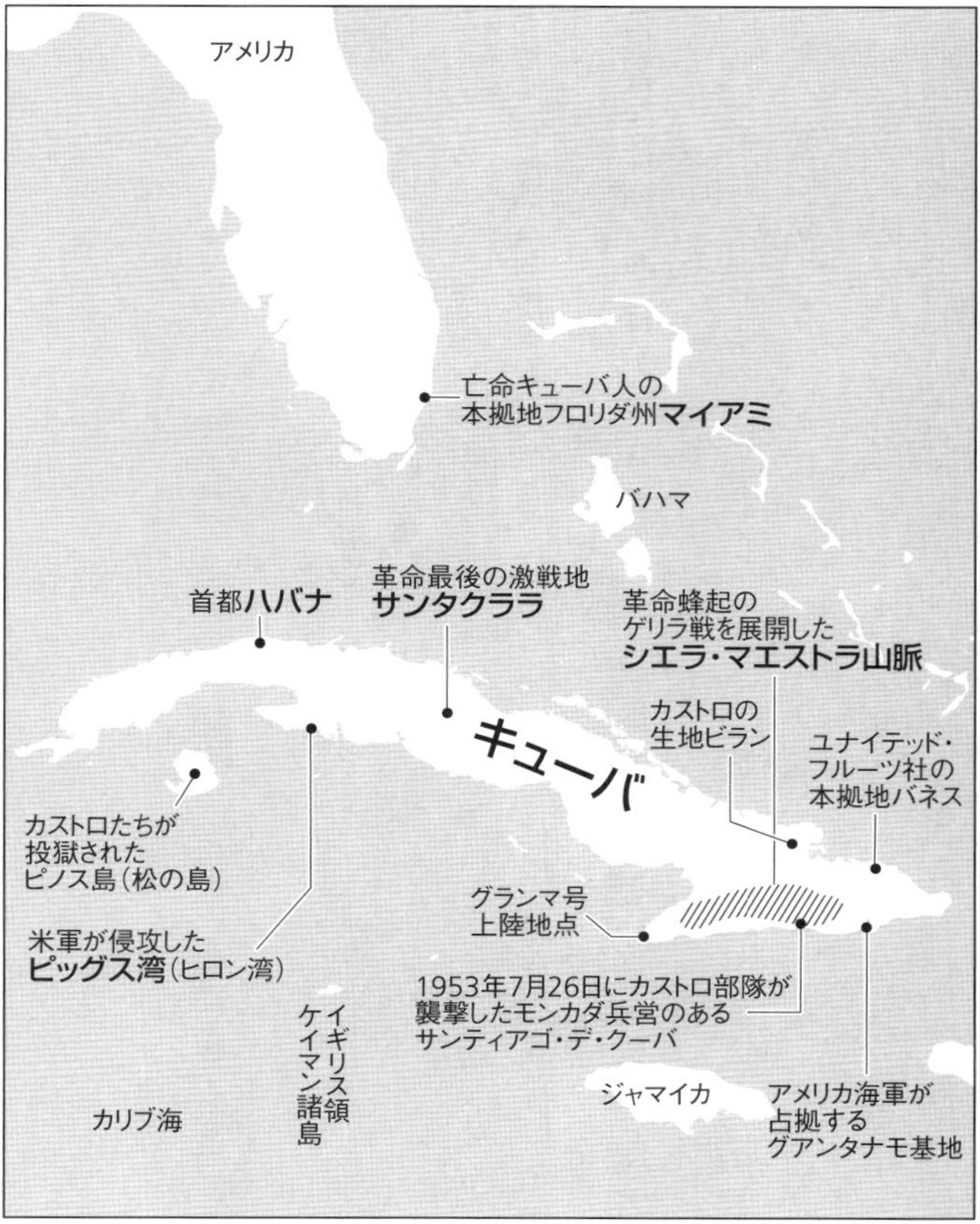

はじめに

イタリア・ジェノヴァ出身の探検家・航海者・商人であるクリストフォロ・コロンボ（英語名クリストファー・コロンブス）が大航海時代の一四九二年一〇月一二日に、アメリカ海域に到達し、カリブ海のバハマ諸島のグアナハニ島に上陸して、ヨーロッパのキリスト教世界の白人として初めて現地人と接触した。彼はそこを「聖なる救世主」（サン・サルバドル島）と命名し、さらにコロンブスがその島からすぐ南にあるキューバに船を進め、北東部の海岸に上陸した時、航海日誌に「人間の目が見た最も美しい島」と書いた。その通り、キューバは、カリブ海に浮かぶ美しい島である。

しかし現在では、そのキューバの北には、アメリカ合衆国という世界一の巨大な帝国があり、アメリカのフロリダ半島南端からキューバまでは二〇〇キロ余りなので、東京駅と大阪駅を直線で結んだ、その真ん中ぐらいという近い距離にある。

そのアメリカ帝国の裏庭キューバで、一九五九年一月一日に、フィデル・カストロとエルネ

カリブ海諸国

スト・チェ・ゲバラたちのゲリラ部隊によって、大国に反旗を翻す革命が成功したのである。

カリブ海の美しい島に、なぜフィデル・カストロを指導者とする社会主義革命が起こったのであろうか？　第一次・第二次世界大戦を経て世界一の経済大国・軍事大国としてのしあがったアメリカでは、映画・音楽・スポーツで西側の全世界を魅了する文化と文明が活きていた。だがその背後では、傲慢になったアメリカ人が強硬な政策をラテンアメリカ諸国におよぼし、キューバなどの中南米一帯では、苛烈な人種差別と経済侵略が横行していたのである。

二〇一六年一一月二五日にカストロが九〇歳で死去した時、日本の多くの新聞には大きな追悼特集記事が掲載された。しかし、本書に述べるようなキューバの最も重要な史実は、どこにも書かれていなかった。カストロに関しては、キューバ革命の成功「後」と、核戦争一歩前まで行った「キューバ危機」に関する出来事ばかりが書かれていたが、これではカストロがなぜ〝怒り〟をもってアメリカとの闘いに決起し、どのような理由からキューバ革命を起こしたかという〝動機〟がまったく伝わらないではないか。

私が本書を書く最大の動機となったのは、キューバ革命とその主役を演じたフィデル・カストロとチェ・ゲバラに関する書籍類は膨大な数にのぼるが、ラテンアメリカ人が苦しめられた歴史の中で、〝苦しめた側の人間の実名と、圧政の利権メカニズム〟についての解析があまりに少ないので、それを記録に残したかったことにある。同時にキューバで起こった出来事を、正確な時系列を追いながら記述したかった。チェ・ゲバラの国連総会演説を収録したドキュメント映画『チェ　28歳の革命』や彼のボリビア山中の最後のゲリラ戦を再現した『チェ　39歳別れの手紙』（いずれも二〇〇八年）のような迫力ある映画をご覧になった方は、本書に述べる数々の史実が背景にあることを知っていただければ、キューバ革命について一層の理解が深まることと信ずる。

私はこれまで書籍を数多く書いてきたが、この革命の経過ほど、魂が魅入られ、興奮した物語は今まで体験したことがなく、最後にはキューバ人を恋慕うまでになった。キューバ革命が起こされた動機は、中南米の歴史にあったのである。

◆読みと発音・用語解説

「ラテンアメリカ」——スペイン、ポルトガル、イタリア、フランスはいずれもラテン語系の国で、大航海時代の前期にスペイン人が中米・南米のほとんどの地帯を支配し、残るブラジルをポルトガル人が支配した。このスペイン、ポルトガルの両国ともラテン語系なので、中米・南米が「ラテンアメリカ」と呼ばれるようになったのである。

「ヒスパニック」——アメリカ合衆国で人種を分類する時に〝ヒスパニック〟と呼ばれるのは、本来はスペイン系の人種という意味だが、一般にラテンアメリカ出身のすべての人種の総称として使われる。

「スペイン語の読み」——ラテン語系の単語はすべて似ているが、スペイン語だけは「Vの発音が英語のBになる」。そこで本書では、中南米では「ポルトガル語圏のブラジルと、フランス語圏のハイチ」を除いて、残り大半を占めるスペイン語系ラテンアメリカ諸国の人名・地名は、ヴァ・ヴィ・ヴ・ヴェ・ヴォをすべてバ・ビ・ブ・ベ・ボで表記する。たとえば Bolivia はボリビアと書き、アメリカ合衆国でも Nevada 州はもともとスペイン植民地だった地域なのでネバダ州と書く。

また、国名のNicaraguaはニカラグア、Guatemalaはグアテマラのように、スペイン語では「gua」は「グア」と読む。したがって、本書の主人公の一人であるチェ・ゲバラ（Guevara）の名は、「グエバラ」ではないのかと思われる人もいるだろうが、スペイン語では、「gue」は「ゲ」、「gui」は「ギ」と短く発音する。

「キューバの読み」――キューバ（Cuba）という国名は、キューバ島の名前が、インディオ語の〝中心地（クバナカン）〟に由来し、キューバの公用語であるスペイン語では「クーバ」と読む。だが本書では、汎用されている英語読みの「キューバ」に統一して表記する。


本書で用いた主な参考文献は巻末に示す。

第一章　キューバ革命前史

若き日のフィデル・カストロ

キューバに革命を起こすフィデル・カストロは、一九二六年八月一三日に、キューバ東部オルギン県ビランの砂糖キビ農園に、七人の兄弟姉妹の次男に生まれた（生年には一九二七年説もあるが、本書では公式の一九二六年としておく）。アメリカが一九二〇年代のローリング・トウェンティーズと呼ばれた禁酒法時代、ドイツではナチスが台頭しようとする時期であった。彼の次弟が、のちにフィデルを継いでキューバ国家元首となるラウルであった。以下、単に「カストロ」とある場合は、断りない限り兄フィデル・カストロを指す。

彼の生地一帯は田舎なので、幼時には電気もないランプ生活だったが、スペイン人の父親がビジネスに機智を働かせてキューバの富裕な農園主になったため、地主の息子だったカストロ兄弟は砂糖キビ農園で働く季節労働者を見て育ち、何一つ不自由ない生活を送った。それでも、アメリカ人に対するスペイン人およびラテンアメリカ人の社会的優劣の差に疑問を持ち、キューバ人がなぜ自分の国で二流市民に甘んじなければならないのかと義憤を抱き、それが彼の生涯を貫く反米感情となったようである。こうした思春期の激情をふくらませながら、第二次世界大戦が終った一九四五年、フィデルは首都の名門ハバナ大学に進み、法学部に入学した。

一家はローマ・カトリック教徒のクリスチャンであり、彼自身も子供時代に洗礼を受けたクリスチャンであった。しかしキューバ革命後には、カトリック教会がカストロの社会主義政策に公然と反対したため司祭たちを弾圧せざるを得ず、神学校を閉鎖した時期もあったが、教会が政府批判を慎むと約束してからは教会の宗教活動を認めた。無神論者と言われたカストロは、確かに自分の運命を神に委ねない信念を貫いたが、内面では生涯キリスト信仰を捨てなかったようである。

一九〇センチの長身だった大学時代のフィデルは、陸上競技や野球の投手として活躍する一方で、大学には自治があって学生の行動が規制されなかったので、書物から社会主義を少しずつ学びながら、カリブ海諸国に介入するアメリカ帝国主義に反対する政治活動に手を染めていった。彼はいかなる組織にも属さなかったが、やがて、当時のキューバ大統領ラモン・グラウの腐敗した暴力的な政治を批判するようになった。そして上院議員エドゥアルド・チバスが主唱する〝自由を求める民族主義〟に共鳴して、一九四七年にチバスが創立したキューバ人民党に学生としてただ一人招かれて参加し、チバスの側近となって、反政府活動を具体的に実施する行動力を身につけた。

そして反政府デモをおこなう多数の学生が政府の警備隊によって殺される事件が起こると、政府に対する抗議行動に参加した彼は、キューバ人のあいだにある不平等に異議を唱える活動にも参加した。またキューバの南にある南米のコロンビアでは内戦で何千人もの死者が出ていたので、コロンビアの平和を求める次期大統領候補の自由党指導者ガイタンと一九四八年四月七日にカストロは面談したが、その二日後にガイタンが暗殺され、コロンビアが暴動に突入したため、カストロもライフル銃をとって反政府暴動に加わった。

南米最北端の大国コロンビアは、コロンブスの名前に因《ちな》んだ新大陸の象徴としてこの国名を持つ。この国は、もともとパナマ運河地帯を所有していたが、一九〇三年にアメリカ大統領の陰謀によってパナマ地峡を強奪されたあと、労働者の虐殺事件が起こってから、コロンビア政権が民衆のために自由主義を広めた。しかし第二次世界大戦後は、アメリカの傀儡《かいらい》国家となった保守党の独裁政権が自由主義者や共産党員を弾圧し、歴代大統領が共産主義・社会主義に対する撲滅政策をとって反政府ゲリラを弾圧していたのである。

こうしてコロンビアで武器をとって反米活動を実践したカストロは、帰国すると有名人となって、大学では一目置かれる存在となった。彼は強烈な反骨精神を抱きながら、一九五〇年に大学を卒業して首都ハバナに法律事務所を開き、政治訴訟と、貧困者救済の訴訟だけを引き受ける弁護士となった。弟ラウルはのちにハバナ大学の社会学部に入学して、共産主義者の仲間と付き合っていた。

といっても当時のカストロは、大学三年の一九四八年、二二歳の時に、富裕な有力政治家の娘ミルタ・ディアス＝バラルトと結婚していた。彼女の父は、のちにカストロが天敵として戦うキューバ独裁者フルヘンシオ・バティスタの友人であり、彼女の兄はバティスタ政権で住民を弾圧する副内務大臣になる一家であった。ミルタ家から反対されたこの恋愛結婚のあと、カストロは彼女の父から何万ドルもの大金をもらって三ヶ月間もニューヨークに新婚旅行に行ったほどだから、まだまだ、キューバを経済的に支配するアメリカの資本家に対して、直接に楯突くほどの硬骨漢ではなかった。彼はもともとハーヴァード大学への留学を望んでいたほどアメリカの魅力にも惹かれていたのである。カストロは一人息子をもうけてから、七年後の一九五五年に彼女と離婚することになる。

カストロのそのような行動は、当時の西側資本主義国のすべての世界に生きていた多くの青少年に共通することであった。というのもその頃のアメリカ合衆国では、娯楽映画だけでなく、多くの監督と脚本家、俳優たちが強い正義感を抱いて、多彩で反骨的なシナリオのハリウッド映画を製作してレジスタンスを続けていた。その一方で、ジャズやロックンロールをはじめとするポピュラーソングが華やかに隆盛する中、キューバ人が広めたルンバとマンボのラテンアメリカ音楽が大ヒットし、カストロの好きな野球と、ボクシングに代表されるスポーツがあり、全世界をすっかり魅了する文化と、電話・テレビなどの家電製品で世界最高の技術を誇る文明が脈々と活きていた。したがって、アメリカに惹かれたからといって、何も非難されることではなかったのである。カストロは決してアメリカ文化やアメリカ人を嫌ったことはなく、彼が対決した相手は、一貫してアメリカ政府と巨大財閥の資本家であった。

革命の発端となったスペイン人とアメリカ政府の対立

そこで、スペイン系のカストロ家が、イギリスのアングロサクソン系人種が支配するアメリカ合衆国と敵対した歴史の奥から、そもそもの革命発端の扉を開くことにしよう。

大航海時代の一四九二年、コロンブスの船団がスペインを出航した。彼らは、ポルトガル人がめざした南のアフリカ方向ではなく、西に向かって大西洋を横断する航路によって、アジアの富の宝庫「インド」をめざして航海に乗り出し、現在のカリブ海域の島々に到達して、ヨーロッパ人による新たな大航海時代をはじめた。彼らスペイン人は、当初、自分たちが航海の果てに発見したキューバなどの地域を〝アジアのインドの島々〟だと信じたため、後年までアメリカ大陸に住む先住民の人々が、北米では英語で「インディアン」と呼ばれ、中米と南米ではスペイン語で「インディオ」と呼ばれるようになった。そして南北アメリカ大陸のあいだにある海域の島々には、インディオの「カリブ族」が住んでいたので、この一帯を「カリブ海」と命名した。

ほぼ同時代の一五〇三年に、南米のブラジルを探検したイタリア人アメリゴ・ヴェスプッチが、その一帯が新大陸であることを発表して、彼の名前のラテン語読みから新大陸・南米が「アメリカ」と命名された。さらに一〇年後に南米大陸が北米大陸と陸続きであることが分って、南北とも「アメリカ大陸」と呼ばれるようになったのである。したがって一般にわれわれ日本人が、アメリカ合衆国（USA）をアメリカと呼ぶことは、「米州」と呼ばれる「南北アメリカ大陸全体」をUSAだけが代表することになるので、ほかの米州国家に対して礼を欠くことになる。このことを断るのは、カストロやゲバラたちが、「アメリカ合衆国がラテンアメリカを腐敗させた元凶だ」との怒りをもってキューバ革命に決起し、「アメリカ合衆国はラテンアメリカの代表者ではないし、〝アメリカス（南北アメリカ）〟の代表者でもない。アメリカの国名をわれわれに断りなく使うな」と言い続けてきたからである。だが本書では、それを断った上で、合衆国をアメリカと表記することを許されたい。

コロンブス船団がカリブ海に到達して以来、中米・南米のほとんどの地域は、ポルトガル人と覇を競うスペイン人の武力侵略によって席捲され、ここキューバ島では、アジアから渡来した日本人と同じ黄色人種の先住民インディオが絶滅されたのである。その後、侵略者のスペイン人は、インディオに代る労働力を必要としたため、アフリカ大陸から大量の黒人奴隷を移送し、労働者として酷使して、砂糖キビの栽培によってキューバを〝世界一の砂糖生産国〟に育て上げた。当時の砂糖は、ヨーロッパで最も必要とされる甘味料だったため、砂糖貿易がアフリカ大陸から黒人奴隷を生み出す最大の原動力となったのだ。こうしてスペイン人にとって、黒人奴隷が働く植民地として栄えるキューバは、金の卵を産むガチョウとなった。カストロがスペイン系移民の子孫だったのは、そのためである。

そのスペイン植民地キューバでは、砂糖の生産が一八六〇年に世界第一位を記録したが、翌一八六一年にアメリカ合衆国で南北戦争がはじまると、一八六二年九月二二日にリンカーン大統領が〝黒人の奴隷解放宣言〟を出して、一八六五年にリンカーン側の北軍が勝利し、アメリカでは形式的に全土で奴隷は解放されることになった。しかし各国における奴隷制の廃止時期は異なり、一八六八年（日本の明治元年）に最初の独立戦争を起こしたキューバでは、一八八六年まで奴隷は解放されず、黒人には家畜以下の自由しか与えられないおそろしい地獄の労働が強いられていた。その後、奴隷制が廃止されても、自由人として社会に放り出された労働者は誰にも守ってもらえず、生活は困窮をきわめて悪化した。

そうした時代、一九世紀末の一八九八年二月一五日に、キューバのハバナ湾でアメリカ海軍の戦艦メイン号が爆発して沈没し、二六六名の乗員が死亡する大事故が起こった。アメリカの報道界は「爆発の原因はキューバ支配者スペイン人にある」と開戦論を煽《あお》ったが、ウィリアム・マッキンレー大統領はしばらく開戦に同意しなかった。しかしアメリカの国内世論は、爆発事故を契機として、「キューバ人の解放」を口実とした開戦論に向かって次第に高揚したため、宗主国《そうしゅこく》スペインの政府が戦争を回避するためキューバからスペイン人職員を撤退させて、キューバ人に多少の自治を与えるように努めた。

しかしその効果もないまま、世論に押されたマッキンレー大統領が、四月一一日になってキューバに米軍を派遣する権限を求める議案を議会に提出し、四月一九日にアメリカ議会が「キューバの自由と独立を求める共同宣言」を承認して、大統領もスペインの撤退を要求する軍事力行使を承認した。これが事実上の宣戦布告となって、スペインもアメリカと国交を断絶した。

こうしてアメリカ＝スペイン戦争（米西戦争《べいせい》）が勃発すると、アメリカはわずか四ヶ月間でスペインを打ち破り、スペイン領土だったカリブ海のプエルトリコと、フィリペ諸島（フィリピン）を併合した。この米西戦争でカリブ海の宗主国スペインに取って代ったアメリカが、ようやくキューバを解放したあと、キューバの「黄金を生む」砂糖キビと、キューバ葉巻で有名なタバコと、鉱物資源のニッケルが、新支配者のアメリカにもたらされるようになった。

ところがその後、アメリカ議会が開戦目的に掲げた〝キューバ住民の独立と解放〟はまったくおこなわれず、当のキューバ人はアメリカとスペインの戦争講和会議からも締め出されたまま、キューバの施政権がアメリカに引き渡されてしまった。総督官邸にはキューバ国旗ではなく、アメリカの星条旗が掲げられたのである。こうして一九世紀末から独立することなく、一九〇二年にキューバ共和国の独立宣言が出されても、キューバ国憲法に「アメリカの内政干渉権をキューバが認める」ことと、「グアンタナモなどに米軍基地を置く」ことが書きこまれ、以後も通商条約の形で次々と経済支配制度が拡充されて、完全にアメリカによって植民地化されたのである。

カストロの父親はスペイン生まれだったので、この時期に一時キューバから追放された。そのため侵略者アメリカに対してひそかに敵意を抱いたカストロ家と、アメリカ政府の対立が、このアメリカ＝スペイン戦争からはじまったのだ。つまりキューバが植民地化された時、独立を奪われた土着のキューバ人がアメリカに怒りを抱いたと同じように、スペイン人カストロ家もまたアメリカに敵対し、青年フィデル・カストロが反米思想を培《つちか》っていったのである。

かつて大航海時代の中南米侵略者スペイン人の子孫であるフィデル・カストロと後年の同志チェ・ゲバラは、こうして中南米の新しい侵略者アメリカの台頭を目にして、彼らに屈することを良しとせず、大航海時代とは正反対に、インディオと黒人を同胞として愛する純粋な「ラテンアメリカ民族主義者」となる運命にあった。

暗躍するロックフェラー財閥

この時期にキューバ憲法の植民地化を定めたのは、オーヴィル・プラットというアメリカ上院議員が提出した〝プラット修正条項〟だったとされているが、それは真理から遠い話である。実は彼を動かして当時の上院議会を支配していたのが、上院財政委員会の委員長ネルソン・オルドリッチであった。この名は、読者もどこかで聞き覚えがあるだろう。彼の孫で、その名を継いだアメリカ副大統領がネルソン・オルドリッチ・ロックフェラーである。

分りやすく言えば、石油王ジョン・D・ロックフェラー二世の妻の父がこのネルソン・オルドリッチであり、この男が自らキューバに乗りこんでアメリカ全国民の求める砂糖に投資して財を築いたのだから、〝砂糖王国キューバ〟の植民地化を実行したのは、この時代に全米の産業界に君臨していたロックフェラー財閥だったのである（のちにキューバ支配者をまとめて一三六〜一三七頁の系図に示す）。これほど簡単に分る支配者の名前が、キューバ革命史のどの書物を読んでも書かれていないのは、おかしな話だ。こうしてキューバの黒人は劣等人種として、相変らず下層労働者の境遇に突き落とされたままで、アメリカの言いなりに砂糖キビの栽培を続けるほかなかった。

この時代のカリブ海周辺、すなわち中米におけるアメリカの横暴な動きは、パナマ一帯を制圧した行動に露骨に表われていた。大西洋と太平洋を結ぶ中米の最も狭い地帯が、南米の国〝コロンビアに属するパナマ地峡〟であった。一八五五年、全米最大の富豪ヴァンダービルトたちの資本によって、総工費七〇〇万ドルをかけて、労働者九〇〇〇人の犠牲者を出しながら、パナマ地峡鉄道が完成し、蒸気機関車が走り出して開業した。こうして石炭を動力とする輸送機関によって大西洋と太平洋が陸路で結ばれた結果、アメリカ合衆国の東部から西部に向けてゴールドラッシュをめざす移民が、船でパナマまで来て、この鉄道を利用して太平洋側に出ると、西部のカリフォルニア州の金塊採掘に殺到しはじめたのである。

鉄道の次に、パナマ地峡に運河をつくって船舶の輸送路をつくろうするセオドア・ルーズヴェルト大統領の陰謀によって、一九〇三年にパナマ人をだまして偽革命を起こさせ、コロンビアから分離独立させたあと、アメリカがパナマ地峡地帯を強奪する作戦がスタートしてパナマの不幸がはじまった。これが、ちょうどキューバが植民地化された時代であった。

第一次世界大戦の開戦直後にパナマ運河を開通させて軍事利用しはじめたアメリカは、一九一八年に米軍がパナマへ上陸すると、大戦が幕を閉じて二年後の一九二〇年七月一二日に、パナマ運河を正式に全面開通させ、運河地帯をアメリカ領土（完全な植民地）とした。こうしてアメリカは、太平洋〜大西洋間を結ぶ南米航路を開くことに成功したため、全米で生産されるあらゆる工業製品を売りこむことができる巨大な南米マーケットを手に入れ、同時にキューバや南米で生産されるコーヒー、砂糖、バナナ、ココナツ、チョコレートの原料カカオなどの農産物と、錫《すず》や銅などの金属の供給地を完全支配し、さらにその欲望を、パナマ運河から太平洋〜アジア・日本に大きく向けることになった。

そうした時代、第一次世界大戦三年後の一九一七年二月九日に、アメリカに対する最初の抵抗運動として、パナマ運河の真北にあるキューバで、独立を求める自由主義者の反乱が起こった。すると三月八日に、米軍がキューバ東南部の要港サンティアゴ・デ・クーバに上陸し

ラテンアメリカ

アメリカからの貿易航路
アメリカ
バハマ
諸島
カストロと
ゲバラが出会った
メキシコ市
メキシコ
砂糖王国
キューバ
ハイチ
ドミニカ共和国
ジャマイカ
ベリーズ
ホンジュラス
グアテマラ
エルサルバドル
ニカラグア
パナマ
コスタリカ
パナマ運河
ガイアナ
スリナム
仏領ギアナ
ベネズエラ
コロンビア
エクアドル
ブラジル
ペルー
チェ・ゲバラが
ゲリラ戦を戦った
最期の地
ボリビア
パラグアイ
リオデジャネイロ
チリ
ゲバラの故国
アルゼンチン
ウルグアイ
ブエノスアイレス

て鎮圧に乗り出した（サンティアゴ・デ・クーバとは、「キューバのサンティアゴ」の意なので、以下、サンティアゴと略記する）。続いて五月二〇日に、保守派のメノカルがキューバ大統領に就任したが、彼もまたアメリカに動かされる傀儡《かいらい》政権であった。

こうしてアメリカの財閥グループが、ますますキューバを植民地として確保してゆき、一九二六年にはキューバの砂糖生産量の六割以上をアメリカ企業が占めて大金をかせぎ、同時に砂糖生産のための電力から鉄道、石油精製まで、全産業をアメリカが支配した。アメリカがキューバに求めたのは、砂糖のほかに、硬貨や鉄鋼の原料となるニッケルが豊富な鉱山であった。

かくして大恐慌後の一九三〇年代から一九四〇年代を通じて、アメリカ産業界がどっとキューバに乗りこんでゆく経済侵略を開始したのである。キューバに設立された会社の名を「キューバ・ドミニカ砂糖」といい、重役が初代石油王ジョン・D・ロックフェラーの弟ウィリアム・ロックフェラーの孫ゴッドフリー・スティルマン・ロックフェラーであった。

キューバ貿易を取り仕切る「キューバ・カンパニー」の重役も、ウィリアム・ロックフェラーの息子パーシー・エイヴリー・ロックフェラーであった。同社のもう一人の重役はモルガン商会特権者のウィリアム・ウッディンで、彼は「キューバ鉄道」の重役として砂糖の輸送を支配し、のちにフランクリン・ルーズヴェルト政権の初代財務長官としてのしあがり、連邦準備制度理事会（FRB）の事務局長をつとめたほど、政財界の大物であった。砂糖産業を支配する「キューバ甘蔗《かんしょ》（＝砂糖キビ）プロダクツ」の大株主はロックフェラー家、それに次ぐ株主がモルガン家であった。

そしてキューバだけでなく、カリブ海を囲む中米諸国と、南米のほとんどの国では、アメリカの産業界がバナナなどの農産物を独占的に支配し、チキータ・ブランドのバナナで有名なユナイテッド・フルーツ社（のちのユナイテッド・ブランズ社、現チキータ・ブランズ・インターナショナル）が、武装した自警隊を従えて、中南米の農業に対して最大の勢力を張り出してゆき、傘下にパナマの鉄道支配企業チリキ・ランド社を保有して、一帯は「バナナ共和国」と呼ばれるユナイテッド・フルーツ社の独占支配地帯となった。

ユナイテッド・フルーツ社の重役室にはアメリカ参謀総長が坐っており、ユナイテッド・フルーツ社が支配する「パナマ鉄道」の社長も金属業者「フェルプス・ダッジ」の社長で、フェルプス・ダッジ創業一族が、石油王ロックフェラー家と結婚していた。一方、モルガン財閥傘下の軍人が創立したＩＴＴ（国際電話電信─International Telephone & Telegraph）が通信業界を支配して、各国の地元住民を牛耳るようになった。

さらにアメリカは、一九四八年の政令によって、パナマ運河の大西洋（カリブ海）側入口のコロン市に、商品輸送の中継基地コロン・フリーゾーン（無関税地帯）を設けて、コカ・コーラ、ファイアストーン、ゼロックス、ＩＴＴなどのアメリカの多国籍企業を中心に新たな経済的な侵略をひそかにはじめた。この無関税地帯が〝パナマ文書〟で明るみに出された現代に続く悪名高いタックスヘイヴン（租税回避地）の起源となったのである。

またキューバの南三〇〇キロにある人口わずか六万人弱の小さな島々、ケイマン諸島も、多国籍企業や富豪が税金逃れをするためのタックスヘイヴンとして、また犯罪者が資金を洗浄するマネーロンダリングの巣窟となってきた。ケイマン諸島だけでなく、イギリス領ヴァージン諸島と、その北の大西洋にあるバーミューダ諸島も、アップルやグーグルなどＩＴ企業のタックスヘイヴンとして名高い。さらに〝パナマ文書〟に続いて、二〇一七年一一月には、世界六七ヶ国の記者たちが参加する国際調査報道ジャーナリスト連合（ＩＣＩＪ――International Consortium of Investigative Journalists）が、〝パラダイス文書〟と命名されたバーミューダを中心とするタックスヘイヴンの新文書を公表した。ヘイヴン（haven）とは避難所のことで、「税金天国」のヘヴン（heaven）と読み替えることができるので、国際報道グループがパラダイス（天国）と命名したのである。ただしこれら〝パナマ文書〟と〝パラダイス文書〟には、一つの落とし穴がある。これら文書では確かに大物の資産家や企業たちが、脱税疑惑者として槍玉に挙げられたが、よく見ると、彼らよりはるかに大物の「財閥系」資産家の名前がない。つまりこれら文書をリークした張本人が、実はそれら財閥系の手先で、彼らがこの騒動の背後で蠢《うごめ》いている可能性が高いと私は見ている。

革命前のキューバのバティスタ圧政とアメリカの侵略

こうして現在に至るまでラテンアメリカ全体がアメリカ合衆国の経済植民地として支配を受けてきたのだが、キューバ側からこの事情を見れば、東西に延びる細い島国キューバは、端から端まで全島が砂糖キビ畑となり、ほかに農作物をつくらずに砂糖だけに経済を依存する単一文化（モノカルチャー）の国として発展したため、一般の農作物の生産ができなくなった。つまり、砂糖キビ畑で働いても労賃一日一ドルにもならないキューバ人にとって、生きるために必要な主食の米と小麦、豆ばかりか、揚《あ》げ物料理に使われる豚脂《とんし》のラードから、肉の缶詰まで、ほとんどの食料をアメリカからの輸入に頼るようになった。その結果、生活のすみずみまで、すべてが食料輸入先のアメリカに支配されてしまい、砂糖キビ栽培の労働者は、ユナイテッド・フルーツ社が跋扈《ばっこ》する中、アメリカ巨大産業の言いなりの低賃金で働かされたのである。

もともとフィデル・カストロの父アンヘルは、ユナイテッド・フルーツ社で働いて財を成した人物だったので、カストロ家の農園で収穫された砂糖キビを独占的に買い取っていたのが、そのユナイテッド・フルーツ社であり、砂糖キビはユナイテッド・フルーツ社の鉄道でしか輸送できなかった。ユナイテッド・フルーツ社が拠点とするキューバ東部の町バネスでは、キューバ人がビーチに行くにも、ユナイテッド・フルーツ社の許可が必要だったというから、その横暴さは類を見ないほどであった。アメリカ合衆国では南部の綿畑で働く黒人奴隷に対して、むち打ちの罰が絶えず下されるすさまじい歴史が展開されてきたが、キューバではむち打ちがないというだけで、砂糖キビ畑の労働者は奴隷時代の黒人と変らない苦難を強いられたのである。

アメリカ南部の綿畑と同じように、一種類の作物だけを大量に栽培する大規模な農園をプランテーションと呼ぶが、キューバのみならず、中央アメリカ全土の国家では、ユナイテッド・フルーツ社がプランテーション農地で砂糖キビやバナナやタバコやコーヒー豆を栽培して暴利をむさぼっていた。特に第一次世界大戦後には、これらの独占企業に対する住民の怒りから、民族主義者が決起して革命運動を起こそうとしたため、アメリカ海兵隊がそれを鎮圧しようとして軍事介入する「バナナ戦争」と呼ばれる侵略行為が公然とおこなわれ、さらにはアメリカ海軍と陸軍までが乗り出して、ユナイテッド・フルーツ社を筆頭にしたアメリカ侵略企業の利権を守り続けた。

こうした現実を映し出した音楽が、カリブ海生まれの父母を持つ反骨のアメリカ黒人歌手ハリー・ベラフォンテが絶大な人気を獲得したヒット曲「バナナ・ボート・ソング」であった。一九五六年に発表されたこの曲は、ジャマイカ人の港湾人夫の労働歌であった。キューバのすぐ南の小さな島ジャマイカはポピュラー音楽レゲエ発祥の地として知られ、現代人には、一〇〇メートル・二〇〇メートルの世界記録保持者、陸上界のスーパースター、ウサイン・ボルトと、彼と共に四〇〇メートル・リレーで世界制覇を成し遂げてきたジャマイカ・チームが有名だろう。カストロ家の農園で働いていた三〇〇家族の労働者が、このジャマイカからの移住者であった。

ベラフォンテの歌詞は、バナナを荷揚げする労働者が、〝デー・オー・デー・エイ・エイ・オー〟と叫び、〝Lift six foot, seven foot, eight foot bunch. Daylight come and me wan' go home〟(6フィート、7フィート、8フィートもバナナの束を運び上げろ。日が昇ると、俺は家に帰りたくなる)と、ユナイテッド・フルーツ社に訴える哀しい叫び声であった。この曲が全世界で大ヒットする三年前の一九五三年に、カストロが最初の武装蜂起に立ち上がり、それから六年後の一九五九年に成功するのが、キューバ革命だったのである。

カストロがこの時代に目にしたのは、キューバの東に連なるアンティル諸島のイスパニョーラ島にあるドミニカ共和国で、アメリカの悪徳支配階層と組んで軍事独裁者となったラファエル・トルヒーヨ大統領の残虐きわまる政治であった。イスパニョーラ島は西部三分の一が独裁者デュヴァリエの軍事独裁政権下にあるハイチで、東部三分の二を占めるのがドミニカ共和国であった。スペイン人の子孫トルヒーヨは、一九三〇年にアメリカ海兵隊の力によって独裁政権に就き、一九六一年に死ぬまで、地続きのハイチのデュヴァリエと同様に、一族で腐敗政治の限りをつくし、砂糖、コーヒー、ビール、タバコなどの主要産業をすべて独占的に支配して莫大な私腹を肥やし、反対者を粛清する恐怖政治を敷いた。国内ではユナイテッド・フルーツ社などが砂糖キビ農場を経営し、隣国ハイチから出稼ぎの黒人労働者を導入して働かせ、彼らが労働条件の改善を求めてストライキをおこなうと、軍隊を使って数万人の大虐殺を実施したのがトルヒーヨであった。

アメリカの資本で経済的に発展するドミニカ共和国こそが、若きフィデル・カストロにとってまず最初に倒すべき目標であり、カストロはドミニカ侵攻作戦に志願し、命をかけてトルヒーヨ独裁政権を倒そうと軍事訓練を受けたが、計画が中止になって目的を果たせなかった。

またドミニカ共和国のさらに東に隣接する島が、一八九八年のアメリカ＝スペイン戦争後、勝利したアメリカ合衆国に併合されて、植民地とされたプエルトリコであった。ミュージカル映画『ウエスト・サイド物語』では、アメリカの魅力に惹かれながらも白人と対立した褐色の肌を持つプエルトリコ出身の貧しい若者の姿に、カリブ海諸国の人種差別が映し出された。この作品で見事な踊りを見せてアカデミー賞を受けた女優リタ・モレノは、ここプエルトリコ出身で、この映画は、一九六一年に公開されて歴史的な大ヒットとなったが、カストロが大学生活を送ったあと武装蜂起したのは、まさしくそうした「アメリカの魅力」と「アメリカの圧政」が同居する時代のまっただなかであった。

こうしてスペイン戦争に勝利してから半世紀以上にわたって、アメリカのすべての産業支配者である巨大資本のモルガン＝ロックフェラー連合が、キューバでも大半の事業を支配して、莫大な利益をあげていた。その時、ロックフェラー財閥の金庫「チェース・ナショナル銀行（のちのチェース・マンハッタン銀行、現J・P・モルガン・チェース）」の会長が、先述のキューバを植民地化して砂糖利権を握った上院議員ネルソン・オルドリッチの息子ウィンスロップ・オルドリッチであった。うまくできたもので、この銀行の子会社「チェース証券」が、キューバの債券六〇〇〇万ドルをアメリカ国内で売りに出し、そこで得た資金をキューバの事業に注ぎこんでいたのだ。

キューバの投資会社「キューバ・トラスト」の社長ノーマン・デイヴィスは、国際砂糖会議ではウッドロー・ウィルソン大統領の顧問をつとめる公人としてアメリカ代表になったが、彼もモルガン商会特権者であった。さらにロックフェラー財閥のスタンダード石油の代理人をつとめ、のちにカストロの宿敵となるジョン・フォスター・ダレス（ロックフェラー財団理事長、のちのアイゼンハワー政権の国務長官）がユナイテッド・フルーツ社の顧問弁護士で、重役でもあった。加えてカナダ企業「インターナショナル・ニッケル（INCO。現ヴァーレ・インコ）」が全世界のニッケルの八五％を独占し、同じダレスがINCOの重役をつとめ、キューバのニッケル鉱山の巨大な利権を握っていた。

同時にアメリカ政府は、それらの事業を円滑に進めるため、一九三三年九月五日に、先住民とヨーロッパ系の両方の血が流れるフルヘンシオ・バティスタ軍曹に軍事クーデターを起こさせて、事実上のキューバ独裁者の地位に就かせた。このバティスタに対して、アメリカの財閥が一層の支援をおこない、公式の軍隊派遣から、マフィア進出による民間暴力にまで軍事行動が及ぶようになっていった。

軍事独裁者となったバティスタは、第二次世界大戦中の一九四〇年に選挙で大統領に選ばれた。彼はアメリカ式の資本主義を支持する人間だったが、大統領選挙では労働組合を支持した結果、キューバ共産党からも支援を受けてキューバ初の〝非白人〟大統領に就任したため、当時としては進歩的なキューバ憲法を制定した。ところが一九四四年まで任期をつとめたあと、彼の選んだ後継者が、次の大統領選挙で元大統領ラモン・グラウに敗れたため、一時アメリカのフロリダ州に移り住んだ。

かくしてキューバに進出したアメリカ人は、大統領セオドア・ルーズヴェルトから、火薬を製造する〝死の商人〟デュポン家、鉱山王グッゲンハイム家、全米一の富豪で鉄道王のヴァンダービルト家、小説家アーネスト・ヘミングウェイ、ホテル王コンラッド・ヒルトン、そしてユダヤ人マフィアの殺し屋マイヤー・ランスキーに至るまで、全米の著名人と企業家とマフィアが共存して、キューバ人を近代的な奴隷として扱ってきた。その植民地帝国が、一九五九年にカストロの起こしたキューバ革命によって崩壊することになったのである。

こうした歴史の一端を描いたのが、まったく不思議なことながら、フランシス・フォード・コッポラ監督のハリウッド娯楽映画『ゴッドファーザー　PARTⅡ』であったことはまことに興味深い。この作品は、第一作の『ゴッドファーザー』で、フィクションながら数々の史実を織りこんで、イタリアのシチリア系マフィア（コルレオーネ・ファミリー）の盛衰をドラマティックに描いたすぐれた映画だ。マーロン・ブランドが演じたヴィト・コルレオーネの死後、一家を受け継いだ三男のマイケル・コルレオーネを主人公としたのが『PARTⅡ』で、その役をアル・パチーノが演じた。この劇中、マイケルがほかのマフィアたちと縄張りをめぐって争う中で、キューバの首都ハバナに乗りこんでゆくが、それはまさにカストロのキューバ革命が起こる直前であった。

この映画に描かれたキューバでは、そこにアメリカ産業の代表者が顔を揃え、ゼネラル・フルーツ、ユナイテッド・テレフォン・アンド・テレグラフ（UTT）、パンアメリカン鉱山、サウスアメリカン製糖の幹部のほかに、マイケル・コルレオーネと、ユダヤ人マフィアのハイマン・ロスが列席する、という設定になっていた。実はこれらの社名が、すべて、先に述べた実在する中南米・カリブ海諸国の支配企業名をもじったものであったのだ！　一九五九年、そこにキューバの反乱軍が革命に決起して、「カストロ万歳！」と叫ぶ中、独裁者バティスタが逃亡し、キューバ革命が成し遂げられた瞬間が描かれた。つまりこの映画は、単なる娯楽映画ではなく、きわめてジャーナリスティックなシナリオによって構成されていたのである。

米ソの東西冷戦がキューバのバティスタ独裁政権を生み出した

キューバ革命の九年前に戻ると、一九五〇年、米ソの東西対立を背景にした朝鮮戦争が勃発して、冷戦が本物の殺戮《さつりく》戦争に進み、この年からアメリカ国内では上院議員ジョゼフ・マッカーシーが、「アメリカ合衆国内には共産主義国のスパイがいる」として、手当たり次第に著名人を血祭りにあげる〝反共・赤狩り〟のマッカーシー旋風を起こしていった。

その反共活動の動きに呼応して、一九五二年になって、時の民主党トルーマン政権から軍事的な支援を受けてキューバに戻ったフルヘンシオ・バティスタは、朝鮮戦争渦中の一九五二年三月七日に、アメリカ・キューバ相互軍事協定に調印して、三月一〇日に軍事クーデターで政権を完全に掌握し、アメリカの資金で大統領選挙に臨んで再び大統領の座に返り咲いた。バティスタは、アメリカ政府に言い含められた操《あやつ》り人形であり、一九四〇年に自ら制定した進歩的なキューバ憲法を停止して怪物としての正体を現わし、戒厳令を敷いて、国内での政治活動をほとんど禁止して、国民がストライキもできないよう大弾圧に着手した。

当時ハバナの最貧層地区で弁護士として活動していたフィデル・カストロは、反政府闘争で人気を得ていたので、この一九五二年六月の選挙に、下院議員の有力候補として臨もうとしていたが、バティスタが武力で独裁的な大統領に就いたために、選挙が中止に追いこまれた。怒ったカストロは、人権法律家として敢然と立ち上がることを決意して、三月二四日に首都ハバナの緊急裁判所に「バティスタは犯罪者である。社会保安法違反で一〇〇年以上の投獄に値する」と公開の書状を突きつけて大統領を告発し、「これでバティスタが処罰されなければ、市民は反乱を起こす権利を持つ」という主旨を述べ、革命を予告した。この訴状は新聞報道されたが、勿論、立法・司法・行政をすべて支配するバティスタのもとで却下された。

こうしてバティスタは、キューバの宝石箱である砂糖産業を支配する砂糖キビ農園主ら、富裕な地主階層の守護神となり、地主が労働者を低賃金で酷使することができるように、あらゆる独裁権を行使して、軍事力をふるう圧政を続けたのである。キューバの耕作地の七割が国外の資本家に握られるようになると、カリブ海・中米地域で群を抜く経済大国としてのしあがったキューバは、ハバナ市内の電話普及率がパリやロンドンより高くなり、自動車の保有台数も新聞の発行部数もラテンアメリカでトップクラスとなった。

しかし国が豊かになればなるほど、キューバ経済界は利権に目がくらんで腐敗し続け、首都ハバナにはアメリカのマフィアが進出して、麻薬からギャンブル、さらには売春ビジネスの巣《そう》窟《くつ》となるナイトクラブなどが林立し、摩天楼がそびえ建ち、「ラテンアメリカのラスベガス」と呼ばれるハバナ歓楽街を生み出した。そこに人気絶頂の歌手ナット・キング・コールや俳優モーリス・シュヴァリエが招かれ、キューバの富裕階層が群がって、売上げがバティスタ政権の資金源となり、独裁者は好きなだけ私腹を肥やした。こうしてキューバの巨大な国富は外国人と富裕層に吸い上げられ、人口の大半を占める貧困層の国民にとって、最後の頼みの綱であるキューバの報道界までもが、バティスタに牛耳られてしまった。

こうした利益独占と腐敗に反対する学生の暴動やデモが起こっても、キューバ秘密警察の「共産主義活動禁止局」が、アメリカのマッカーシズムと連携し、CIA（アメリカ中央情報局）から強力な支援を受けて鎮圧し、CIAを利用するバティスタは、ソ連と国交を断絶して、非の打ち所のないアメリカの飼い犬となった。一九五三年一月二〇日に発足した共和党アイゼンハワー政権のジョン・フォスター・ダレス国務長官と、翌年にCIA長官となる実弟アレン・ダレスがこのキューバ秘密警察を育て上げ、反政府活動家に対する拷問と、公開処刑をもって恐怖政治を展開することがキューバの日常と化したのである。

カストロがモンカダ兵営襲撃で武装闘争を決行した

こうした冷酷な現実を日々直視していたカストロは、「キューバは非暴力闘争では勝つことが不可能な無法国家だ」と認め、一九五三年から「もはや手段を選ぶ必要はない」と、アメリカ支配下にあるバティスタ大統領の独裁政権打倒をめざす〝武装闘争〟に着手する決意を固めた。

この年からカストロは、地下新聞を通じてひそかに同志に呼びかけ、革命戦士を求めて全土を走り回り、彼らに秘密の保持を要求して、地下の細胞組織を広げる武装闘争に着手した。政府に見つからないよう武器を集めて一二〇〇人を組織すると、軍事訓練をおこなった。カストロのもとに結集したのは、露天で商品を売る人間や、運転手や、レストランの給仕など、ほとんどが首都ハバナの貧困階層の出身者であった。

共産主義者のシンパだった弟ラウル・カストロは、この年、一九五三年二月にキューバを発って、オーストリアのウィーンに赴くと、国際的な共産主義者の集まり「世界青年学生祭」に参加してから、ソ連の衛星国である共産圏のルーマニア、ハンガリー、チェコスロバキアを見聞して六月初めに帰国した。学生の動きを追跡していたバティスタの警察が、帰国したラウルを拘束して棍棒で殴打したが、ラウルは口を割らなかった。

一方、兄フィデル・カストロは、革命をめざす社会主義者でありながら、ラウルが関与している共産党の組織的・政治的な活動と手を結べば富裕層の中道主義者を敵に回すと判断し、共産党とは一線を画して、現実的な行動第一主義によってキューバを変革する方針をとった。そして一九五三年七月二六日（奇《く》しくもアジアで朝鮮戦争が休戦する前日）の早暁に、首都ハバナから遠いキューバ東部、カストロ自身の生地に近いサンティアゴにあるモンカダ兵営と、近郊のバヤモ兵営を奇襲攻撃して、大量の武器を強奪することを、まったく一人で計画してから、幹部メンバー五人にだけ計画を打ち明けた。ハバナから呼び寄せた同志一三一人を、前日から三々五々と近在の農家にひそかに結集させると、初めて彼らに極秘の武装蜂起計画の内容を告げた。ヨーロッパを回っていたため武装攻撃計画を知らなかった弟ラウルも、一兵卒としてここに参加した。

「明日、バティスタ政権を倒すため、武装蜂起を決行する。この攻撃が成功しても失敗しても、祖国キューバのために命を捧げる若者が続き、われわれは勝利する。しかし手持ちの武器はこの少人数分しかなく、危険な計画であるから、参加は強要しない。決心のついた者だけが参加してくれ」と告げたところ、女性二人を含む一二五人が決断してカストロ兄弟と共に行動を起こした。フィデル・カストロ弱冠二六歳の時であった。

その日は祭のある日曜日なので兵士は少ないと計算し、入手した兵営の図面を見ながら用意周到に攻撃作戦を立て、二隊に分かれて敢然と、高台にある兵営襲撃に向かった彼らであった。だが、軍事的に即席のシロウトのゲリラ部隊だったため、攻撃開始後に発見されて警報ベルが鳴り渡ると、プロの軍人から一斉射撃を受けて、モンカダ兵営ではわずか三〇分足らずで銃撃戦が終り、バヤモ兵営では一五分で壊滅され、蜂起は無残にも失敗してしまったのである。

しかし交戦では、カストロ側の死者八人に対して、国軍のほうが死傷者の数が多かったため、国軍兵士たちの復讐心が燃えあがって、カストロ反乱軍は半数以上の六九人が惨殺され、残りの者も多くが投獄されて残忍な拷問を受け、かろうじて生き残ったカストロ兄弟たち二〇人はシエラ・マエストラ山中に逃げこんだ。だがカストロ兄弟はカトリック教徒だったため、一家と親しいサンティアゴ大司教の協力もあって、殺されずに投降して逮捕される道を選んだ。バティスタ政府は、臨時ニュースを通じて彼らが共産主義ゲリラであると発表し、非常事態を宣言すると、この第一波攻撃に参加しなかった者も含めて、カストロ軍団をキューバ全土で一網打尽に逮捕して、そのうちの多くを惨殺したのである。

しかし首謀者として逮捕され、記者会見に臨んだフィデル・カストロは、まったくひるむことなくバティスタ打倒の目的を報道陣に滔々《とうとう》と語って、その言葉が新聞と雑誌によって広く伝えられると、キューバ国内で圧政に苦しむ圧倒的な数の民衆から〝ヒーロー〟として大いに人気を博した。第一撃の失敗が、その結果とは逆に、キューバ国民の心に〝来《きた》るべきカストロ革命〟に対する大きな火をつけたのである。加えて、カストロのキューバ革命は、純粋な民族的・大衆的行動をめざしており、「抑圧された民衆に平等社会を与える民族主義の国内革命」であった。当時の全世界を覆っていたアメリカとソ連の烈《はげ》しい東西冷戦の対立構造とは無関係で、決して外国に束縛されるものではないという点に、キューバ国民は強い共感を覚えた。

逮捕されたカストロ軍団に対する裁判

この襲撃事件で裁判にかけられた者は、カストロ軍団のほか、共謀者として逮捕された政治家を含めて総勢一二二人におよび、二ヶ月後の一九五三年九月二一日から、被告としてサンティアゴの法廷に立たされた。しかし、バティスタ軍の兵士たちが丸腰のカストロ軍団に対しておこなった拷問や残虐な殺戮は、ひそかに撮影された報道写真によってキューバ国民に知らされていたので、この法廷でもカストロは反撃に立った。

「モンカダ兵営とバヤモ兵営に対する襲撃は、不法な軍事クーデターによって大統領の座にあるバティスタを断罪するために、キューバ国民として果たすべき義務である。その義務については、すでに私がキューバの裁判所に訴えたにもかかわらず、正しい法の裁きは下されなかった。裁判官が正義をおこなわない。それこそが罪である」という主旨の言葉を語って、超満員の法廷で政府を逆告訴したのだ。

〝ロシア革命の父〟レーニンは弁護士だったが、カストロもまた自ら弁護士資格があることをもって、この裁判で自分が一二二人の被告たちの弁護人になる資格があることを強く主張して、裁判所から弁護人陳述の許可を勝ち取り、法廷内では被告人の手錠を外させ、黒い法服を着た弁護士と被告人の、一人二役をつとめた。こうして巧みな弁舌によって弁護側の〝検事〟の立場についたカストロは、「反乱の主導者は私一人であり、思想的な主導者は一九世紀末に死去したキューバの独立革命家ホセ・マルティ一人であるから、ほかの被告人は全員無実である」という法廷戦術を展開し、「兵営襲撃に参加した私の同志ほぼ七〇人を投獄し、拷問によって苦しめ、虐殺したバティスタの責任兵士たちを殺人罪で告発する」と論述したのだ。

カストロは、自身の弁護などする必要はさらさらないという態度で、「憲法違反の軍事政権こそが犯罪者である」と、痛烈な反撃に転じた。被告人たちが次々と立って、性器や眼球を切り取られたすさまじい拷問と軍の蛮行について証言し、軍部からも拷問・虐殺があったという証言を引き出したため、事実を追及された裁判官たちは多くの遺体の検死を命じ、惨殺が明るみに出された。こうなると、カストロとバティスタのいずれが被告人で、有罪になるべきかは、廷内に入ることを許された六人の記者たちの目に明らかであった。

審理過程に関するニュース報道は、政権によって闇に葬られようとしたが、それに抗してジャーナリストたちが口伝えに広めた言葉は、百倍もの宣伝効果をもって国内を動揺させ、独裁者バティスタ側は、フィデル・カストロという男を甘く見ていたことに気づいて青ざめた。この口達者なトンデモナイ弁護士を法廷で喋らせないようにするため、医師を脅して「カストロは精神錯乱状態にある」という診断書を書かせ、裁判所に提出して、九月二六日における第三回公判ではカストロの出廷を阻止した。

このように展開した奇想天外な実際のドキュメンタリー・ドラマについて、巻末の参考文献に掲載の『カストロ』（中公新書）を参照すると、以下のようである。

こうして、カストロ不在のまま裁判が開始されようとしたその時、「裁判長、フィデル・カストロは病気ではない！」と、女性の声が飛んだ。メルバ・エルナンデスである。そして彼女は被告席から立ち上がり、裁判長席に進み出て、「裁判長、私はこの尊敬すべき名誉ある法廷にあてたフィデル・カストロ直筆の手紙を持っています」といって、長い髪を巻き上げた中に巻きこんで、隠し持っていたカストロの小さなメモを取り出した。この手紙は、フィデルの独房から獄中の囚人たちがリレーで手渡したものであった（彼女は弁護士として活躍する知性ある女性で、のちにカストロ兄弟およびゲバラと共にキューバ革命に決起する）。

緊急法廷にあてられたカストロの手紙には次の趣旨が記されていた。

・本日、病気のため裁判に出られないと自分は通告された。しかし自分は実際には肉体的には何の悪いところもなく完全に健康である。
・私が逃亡する危惧ありとの口実の下、私を毒殺する密議のあることを承知している。
・七月二六日の虐殺についての特別証人である二人の女性（メルバ、アイディ）についても同じ危険が迫っている。
・この裁判が、自分が非難するような状況の下で進められるならば、それは全国民に否認される馬鹿げた不道徳な茶番劇でしかない。

・私自身について言えば、自分の生命を救うために自分の権利あるいは名誉を少しでも譲らねばならないのであれば、私は自分の生命を千度失うことを選ぶ。

これを聞いた裁判官たちは、医師にカストロを診察させて健康であることを確かめると、拘置所から法廷に戻せと命じたが、拘置所が拒否したため、裁判はカストロ不在のまま進められた。その後も、裁判官が被告人の側に立ってラウル・カストロたちの命を保護する措置をとりながら、一〇月五日に結審したが、フィデル・カストロの法廷戦術通り、政治家など被告人の多くが釈放された。だが翌六日に有罪を認めたラウル・カストロほか四名の指導者に一三年の禁錮刑が、残る二〇名には一〇年の、またメルバ・エルナンデス、アイディ・サンタマリアの二名の女性には七ヶ月の禁錮刑がそれぞれ宣告された。しかしここでも、検察側の検事が反逆者たちの勇気ある態度を讃えるという驚くべき経過をたどり、「これは法律上の規定による、やむなき有罪宣告である」と被告人に謝罪した。

続いて一九五三年一〇月一六日から、首謀者フィデル・カストロに対する裁判が開かれたが、今度は傍聴人を制限するため、市民病院の狭い看護婦室を法廷とする異様な秘密裁判であった。あたかもユダヤ人の冤罪《えんざい》事件、かの一九世紀末のドレフュス事件の軍事法廷を彷彿とさせるかのように、一〇〇人の武装したバティスタ軍の警備兵が包囲する中で裁判がおこなわれた。

ところがたった一人の被告人として孤立無援のカストロは、この状況でも、まったく臆するところなく、法服を着て自分の弁護人となるや、独房で練習してきた通りの演説を正確無比の記憶力で甦《よみがえ》らせ、二時間にわたって長い弁舌を披露し、バティスタを〝おそるべき怪獣〟と呼び、裁判官たちも裁かれる日がやってくると警告し、いかに現在のキューバに改革が求められているかという演説を展開したのである。

その弁論でカストロが指摘したことこそ、「砂糖キビの収穫時期のあいだだけ、わずか四ヶ月しか働くことができずに、貧相な家に住む七〇万人の失業者が、一年の残り八ヶ月を飢えと闘い、彼ら農業労働者には一インチの農地さえも与えられていない」という事実であった。「加えて、農村の九〇％の子供たちは、裸足のままであり、そのため寄生虫に体をむしばまれている。この何千とも知れぬ子供たちが苦しみながら死んでいるのは、一体誰のためなのか。それは、静かなる大量殺人ではないのか。われわれが、無関心であってよいのか。キューバという国家を工業化し、農業改革を実施し、国民に住宅を与えれば、解決できるのに、なぜそれをしないのか！」と、カストロがめざす革命政府の綱領を列挙してみせた。

さらに歴史上の専制政治に対して起こされたフランス革命など、数々の革命の実例を列挙して、「われわれは、こうした圧政に対して反乱を起こす権利を持っているのだ。新しい政府を組織する合法的な権利があるはずだ」と主張を述べたあと、名言を残した。

「私は被告の無罪釈放を求めない。私を有罪にするがいい。そんなことは何でもない。歴史は私に無罪を宣告するであろう」

カストロ軍団が投獄された獄舎で地下組織を生み出し、特赦で釈放された

こうして青年弁護士カストロの長広舌の陳述は、静まり返った廷内の誰をも感動させたが、結局、彼は一五年の禁錮刑を宣告されたのであった。かくして禁錮刑を宣告された二五人の男は、キューバ本島から南に八〇キロのカリブ海に浮かぶイスラ・デ・ピノス（「松の島」——現在の「青年の島」）の監獄に送られ、二人の女はハバナの女性用監獄に収監された。一九五三年末のことであった。

ところが驚いたことに、モンカダ兵営襲撃犯は、家族から図書や食料の差入れを受け取りながら、「この刑務所をゲリラ組織が再決起する拠点にする」と決めるや、図書室を監獄大学に模様替えしてしまい、五〇〇冊もの書籍を集めて、それぞれが得意の歴史や語学などの分野で教師をつとめて学習する授業を開始し、集会を開くようになったのである。翌一九五四年二月にバティスタが監獄を訪れた時にカストロたちがレジスタンスを試みたため、カストロは獄舎でほかの囚人から隔離されて、薄暗い独房の監禁生活に投げこまれた。この一〇年後の一九六四年から二七年間にわたって、南アフリカで黒人解放運動の指導者だったネルソン・マンデラ

が狭い独房生活を送るようになったと同じように……

弁護士マンデラが獄中で読書にふけったと同じように、弁護士カストロも獄中でバルザック、ユゴー、マルクス、ツルゲーネフ、レーニンからシェイクスピア、ドストエフスキーまで広範な書を読み続け、歴史上の天才から学ぶことを一瞬でもやめようとしなかった。しかも、裁判でのカストロ陳述は報道を禁じられていたが、獄中からの手紙の行間にレモン汁の隠し文字を潜ませ、あるいは葉巻やマッチ箱に隠した密書を用いて、外部の同志に漏れなく伝達されて書き起こされ、『歴史は私に無罪を宣告するであろう』の書名で三万部近くが秘密裏に地下出版された。その書は、早く刑期を終えた女二人らの手で報道界をはじめとする知識人層に配布されてゆき、広く知られることになった。地下出版されたこの言葉の数々がキューバ社会を動かしはじめたのだ。

このようにカストロは、有罪になってもなお、その不遇の立場を逆用して独房から演説し続け、正義感に裏打ちされた彼の強烈な意志が、膨大な数のキューバ人の心にあっておさえつけられてきた不満に火をつけ、のちにバティスタ政権打倒のために決起する爆発的なエネルギーへと転化させたことは、歴史上に燦然《さんぜん》と輝く彼の知性を示していた。

この一九五四年に、妻ミルタが秘密警察を動かす内務省の職員として採用されていたことをラジオ放送で知ったカストロは激怒し、彼女と離婚することにしたが、息子フィデリートの養育権を妻に奪われ、息子がブルジョワ世界で育てられる運命に落ちた悲劇にうちのめされた（のちに息子を取り戻す）。その頃、弟ラウルがフィデルと同じ監房の同居を許されると、ラウルは辞典から手話を学んで、ほかの囚人と手話で言葉を伝えあった。

この年に、アメリカがキューバ島を真っ二つに切って、運河を建設し、フロリダからパナマ運河への直行航路をつくるというトンデモナイ政策をバティスタに認めさせたので、運河計画地帯から追い出されるキューバ国民が激怒した。ちょうどその時、一一月一日に大統領選挙を迎え、対抗馬の候補が不在のまま選挙がおこなわれようとしていたので、国内では反バティスタ運動が燃えあがった。

ついに学生の反対運動がキューバ運河計画を廃止させると、カストロ支持者が決起して、カストロの獄中インタビューを週刊誌で大々的に報じさせ、「カストロたちに恩赦を与えろ！」という巨大な世論を喚起し、政治集会がカストロ同志に乗っ取られる勢いとなった。そのため、評判を気にした独裁者バティスタも、「モンカダ兵営襲撃者が二度と反乱を起こさないと約束するなら恩赦を与える」と表明したが、カストロら囚人全員が「尊厳を失うより千年の投獄を選ぶ！　無条件の釈放でなければ拒絶する」と宣言した。

新聞が一斉に政府批判を展開し、議会が「カストロはもはや危険人物ではない」として恩赦を議決すると、大統領に当選した独裁者バティスタは、ハバナを訪問した〝赤狩り〟副大統領ニクソンと、ＣＩＡ長官アレン・ダレスに祝福されて有頂天になり、投獄して二年もたたない一九五五年五月一五日に、カストロたち二五人全員を釈放したのである。カストロは大群衆の歓呼に迎えられた。

バティスタにとって命とりとなる読み違いがここにあった！

最後のキューバ革命に向けてメキシコ亡命〜チェ・ゲバラとの出会い

こうして特赦で釈放され、再び自由の身になった国民の英雄カストロは、ハバナに戻って記者会見をおこなう機会を与えられるとバティスタ攻撃を展開し続けた。やがて、モンカダ兵営襲撃者一一人を幹部とする運動組織をひそかに結成すると、モンカダ襲撃に決起した日に因んで革命組織〝七月二六日運動〟(26th of July Movement、通称 M-26-7、または革命 Revolution の頭文字を加えて MR-26-7) と名付けた。メンバーたちに「強いリーダーシップのもとで結束して活動する」ことを言い含めて、自分の命令に絶対的に従うよう求めた。

バティスタ側がカストロ兄弟を尾行して絶えず命を狙い、ハバナでは暗殺と爆発事件が続発してきたため、身の危険を覚えたフィデルは、釈放翌月の六月二四日に弟ラウルをメキシコに出発させた。そしてキューバの報道界に対して、「もはやこの国では自由な闘争に対する扉が閉ざされているから、キューバを離れて新たな闘いをはじめる。必ずやわれわれの権利を回復してみせる」と宣言する書簡を送りつけ、〝七月二六日運動〟部隊にキューバ国内の革命細胞の組織化を命じると、七月七日に自分もメキシコに亡命し、メキシコ市で同志を結集しはじめた。そのメキシコで運命的な出会いをした男が、ほかならぬエルネスト・チェ・ゲバラであった。

メキシコがカストロとゲバラに出会う舞台を提供したことには、それなりの理由があった。現在のメキシコは、アメリカ合衆国に不法移民が押し寄せ、二〇一七年にアメリカ大統領に就任したドナルド・トランプが、「メキシコとの国境三一四〇キロに壁を築いて不法移民を締め出す。壁の建設費はメキシコが負担しろ」と語って大きな問題となった国家である。なぜそうなったかといえば、ラテンアメリカ諸国では、先進工業を学んだ優秀な大学卒業者がアメリカに大量に吸収され、残った人間はフルーツでも栽培していればいいという政策をグローバリズムの先兵WTO（世界貿易機関――World Trade Organization）に押しつけられた結果、アメリカとの賃金の差が十数倍から数十倍にも開いてしまった。この賃金格差が、メキシコからアメリカに向かう不法移民を大流出させ、さらにキューバからアメリカへの脱出者もメキシコ国境に向かう事態が重なって、多くの死者を出す原因となったのである。

しかしもともとこの地方は、古代インディオのマヤ族がメキシコ南東部やユカタン半島などを中心として「マヤ文明」を生み出し、続いて、現在のメキシコ市の北東テオティワカンに、巨大な宗教都市を建設し、当時のアメリカ大陸で最大規模の文明を誇っていた。さらに一四世紀からメキシコ中央部に高度な「アステカ文明」が栄え、最盛期のアステカ領土はメキシコ湾から太平洋沿岸にまでおよんだ。

このようにインディオによって高度な文化・文明が発展したメキシコ地帯が大航海時代にスペイン人に支配され、一七七六年にアメリカ合衆国が独立国家として北米に誕生すると、アングロサクソン系のイギリス人勢力が南下してメキシコ領に侵入しはじめたのである。一八四五年に、メキシコ領土である広大なテキサスをアメリカ合衆国が勝手に併合したのでメキシコ人の怒りが爆発し、一八四六年から一八四八年にかけて、アメリカ＝メキシコ戦争（米墨《べいぼく》戦争）が勃発した。この戦争渦中で、アメリカ合衆国はカリフォルニアなどの広大な地域をメキシコから割譲させて北米の西部を一挙に支配し、一八四八年に、そのカリフォルニアに金《きん》が発見されてゴールドラッシュがはじまると、二年後にはカリフォルニアを州に昇格させて正式にアメリカ領土とした。アメリカは、露骨にメキシコでの合衆国の領土拡大を続け、メキシコは国土の半分以上を合衆国に奪われたのである。

二〇世紀に入ると、メキシコに乗りこんで石油でひと山当てようと企んだイギリス人ウィートマン・ピアソンが、一九〇八年に当時世界最大の油田をメキシコ湾岸ベラクルスのドス・ボカスに掘り当て、その油田が大爆発を起こしながらも、アメリカの石油王ロックフェラーと烈しい価格競争を演じた。イギリス首相チャーチル一族のピアソンは、メキシコの石油利権をロスチャイルド財閥のロイヤル・ダッチ・シェルに売り渡して莫大な富を懐に入れ、その資金でロスチャイルド財閥のロンドン投資銀行ラザール・ブラザースを買収した。

こうしてメキシコにアメリカ・ヨーロッパの巨大財閥が進出してくると、外国勢力による経済侵略を防ぐため、一九二九年に革命勢力の統合が図られた結果、メキシコ国民革命党が誕生して、その後の二〇世紀は七〇年以上にわたって事実上の一党独裁体制がメキシコに確立されたのである。メキシコは石油大国であり、特に一九三四年に政権を握ったラサロ・カルデナス大統領が、これら油田を国有化し、農民のために土地の公平な分配に尽力しつつ、これを受け継いだ制度的革命党の文民大統領が、近代化のために改革を断行した。

革命党の名の通り、左翼主義・社会主義が底流にあるため、メキシコはアメリカ的な資本主義国家にはならず、キューバの革命家など、中南米諸国の急進的な動きにも理解ある行動をとってきた。そうした政治的な風土のため、この国がフィデル・カストロとチェ・ゲバラが出会う舞台となって、元大統領カルデナスが、キューバから亡命したカストロに手を差し伸べることになったのである。

チェ・ゲバラを生んだアルゼンチン

一方、ゲバラは、一時ユダヤ人だとする噂があって私もそれを誤って引用したこともあったが、これはまったく根拠のない話であり、南米南端の国アルゼンチン生まれの、カストロと同じカトリック教徒のスペイン系移民の息子であった。ゲバラはフィデル・カストロより二年遅れて、一九二八年五月一四日、首都ブエノスアイレスの北西三〇〇キロほどの都市ロサリオに、大農場主である上流階級の血を受け継いだ母と、中流階級の父のあいだに、長男として生まれた（誕生日の登記は六月一四日）。ゲバラの父母は、収入が安定せず、貧しい暮らしをしていたが、教養があり、無神論者であったという。

したがって、ゲバラがカストロのキューバ革命に参加するまでには、南米南端アルゼンチンのロサリオからメキシコ市まで、直線で六〇〇〇キロ以上もある中南米諸国を旅して、歴史上の英雄となる二人が出会ったことになる。加えて、はるか遠く離れた別の国に生まれた二人が、〝社会主義革命〟の一点で意気投合したことは、偶然ではなく、明白な理由があった。

ブラジルと並ぶサッカー王国として君臨し、マラドーナたち世界的名選手を数々生み出して、またタンゴの国として知られるのがアルゼンチンである。アルゼンチンの政治家として、名高い人物はペロンで、彼の妻エビータ（エバ・ペロン）もまた有名であり、二人の名は、ゲバラと共に伝説として語り継がれてきた。

ブラジルに次いで南米第二位、日本の七倍以上の広大な面積を持つアルゼンチン地方は、一五〇〇年代からスペイン人の植民地となったが、インディオとの混血が増える中、三〇〇年間の戦争と革命の時代をくぐり抜けて、イギリスに産業革命が起こったあとはヨーロッパ文明と経済の影響を強く受けるようになり、それと同時に一八〇〇年代にはインディオ文化や黒人系の子孫が大弾圧されるようになった。一八六一年に内戦を終えてアルゼンチン連合として国家が統一されて以後は、自由主義者が主導してヨーロッパから大量の移民が導入され、大英帝国に隷属すると言われるほど、経済がロスチャイルド財閥などの資本家によって支配され、スペイン文化がみるみる消え去って、首都ブエノスアイレスがイタリア人らのヨーロッパ移民に席捲されて二〇世紀に突入した。そうした中、ヨーロッパのムッソリーニ、ヒットラーのファシズム台頭時代に呼応して、一九三〇年にアルゼンチンにも軍事クーデターが起こったが、その結果むしろイギリスの属国になり、国民の不満が高まった。

第二次世界大戦中に連合国側につかず中立を保ったこのアルゼンチンで、反イギリス的で、反米的で、反共産主義の軍人フアン・ペロンが民心を掌握して台頭すると、戦後の一九四六年の選挙で勝利して大統領に就任した。こうしてペロン時代が幕を切って落としたのである。彼は反社会主義者でありながら、貧しい労働者階級の生活を向上させるため、農業主体の国内経済を転換させようと、国民生活を活性化させるために工業化を進め、ヨーロッパ資本に握られていた鉄道を国有化し、労働者を手厚く保護した。同時に自分の政策を成功させるためには、民主主義を弾圧して自由な市民活動をおさえつけ、独裁的な性格を持っていたのもペロンであった。そのため進歩的だったゲバラの両親は、反ペロンだったが、ゲバラ本人は反米主義のペロンを支持した。

ペロン大統領を支えた美人モデル出身の妻エバ・ペロンは、歌手のマドンナが彼女に扮したミュージカル伝記映画『エビータ』（一九九六年）に描かれた通り、貧しい家に私生児として生まれ育ち、ほとんど無学で、モデルや売春までして生活を送ってきた苦労人であった。ペロンの愛人となった時代からラジオの政治宣伝係として、エビータの愛称で親しまれ、ペロンと結婚後に夫を選挙で勝たせて大統領に就かせたのが、彼女だったのである。

彼女が政治に進出したことによって、ペロン大統領の人気は絶大なものとなった。何よりも、貧困を知る彼女の功績は、国民がペロンの正義党を支持するよう、女性の参政権を確立させ、労働者用の住宅を建てさせ、孤児院や養老院などの福祉施設を支える「エバ・ペロン財団」を設立して、労働者の貧困層に食料からミシンや毛布まで配って救済運動を展開した行動力にあった。半面で、彼女は派手好きで、虚栄心もあって金遣いも荒く、その出自のため上層階級からは忌避されたが、一九五二年に三三歳の若さで〝ヒロイン・エビータ〟が病死すると、首都ブエノスアイレスでの葬儀に数十万人の市民が参列したほど、労働者階級から慕われていた。

しかし妻エバの死後、ペロン大統領は失政続きで、フィデル・カストロとチェ・ゲバラがメキシコで出会った年、一九五五年にアメリカ政府に動かされる反ペロン派の軍事クーデターによって、反米主義者ペロンは失脚し、スペインへの亡命を余儀なくされた。

このような歴史こそ、カリブ海を含めた中米の主要国と南米の主要国、いずれにも共通する「貧困層の国民生活」と「軍事独裁政権」と「アメリカ帝国主義の先兵となった多国籍企業」が共存する世界だったのである。

フィデル・カストロとチェ・ゲバラが、何に立ち向かおうとして社会主義革命に飛びこんだか、その理由は歴然としていた。物語を、再びキューバ革命の時代に戻ってみる。

ゲバラのラテンアメリカ見聞記

カストロはモンカダ兵営襲撃の記念日に因《ちな》んで命名した〝七月二六日運動〟を組織したあと、一九五五年に数人の仲間と共にメキシコに亡命し、そこでアルゼンチンの医師チェ・ゲバラと出会って意気投合したのである。フィデル・カストロが人権弁護士であったなら、チェ・ゲバラはブエノスアイレス大学医学部に学んだアレルギーやハンセン病の研究者であり、卒業して医師免許を取得しており、いずれも人道的な社会をめざす志を抱いていた。エルネスト・ゲバラが〝チェ〟と呼ばれたのは、故国アルゼンチンの首都ブエノスアイレスのラプラタ地方で、

「君(きみ)」と呼びかける方言が"チェ"であり、ゲバラが会話でこの言葉を誰彼となく使ったために、彼の愛称となったのであった。

『チェ・ゲバラ』(中公新書)は名著であり、彼の生涯が見事に描かれているので、同書に従ってゲバラの足跡を追ってみる。彼は一九五一年の医学生時代、二三歳の若さで、看護師として母国アルゼンチンからタンカーに乗って初めてカリブ海航路を往復し、一二月から親友の医師アルベルト・グラナードと共に、オートバイでラテンアメリカ諸国を踏破する旅行に出発し、アルゼンチン中部から隣国チリに入国した。

チリ北部は古代インカ帝国の版図《はんと》でもあった文化国ながら、先住民と鉱山労働者の貧しい生活を見たゲバラは衝撃を受けたが、実はそれが歴史の予兆であった。現在でもチリにおける二〇〇七年時点の銅の埋蔵量一億六〇〇〇万トンと年間生産量五四〇万トンは世界一だが、このチリに、世界を驚かせる大事件が起こったのはゲバラの訪問からほぼ二〇年後の一九七〇年一〇月二五日のことであった。大統領選挙に立候補した社会党党首で人民行動戦線のサルバドール・アジェンデ＝ゴセンス博士が、アメリカの巨大資本である新聞王ウィリアム・ランドルフ・ハーストやロックフェラーたちが支配するアナコンダ社や、グッゲンハイム家とモルガン財閥が支配するケネコット社が、銅鉱山において労働者を搾取して苛酷な労働を強いている実態を告発して、大統領に当選したのだ。つまり世界で初めて民主的選挙によって社会主義政権を成立させたのである。ゲバラにとっては民族主義者の蜂起の手本となる国がここチリであった。

アジェンデ大統領が公約通り銅産業を国有化し、農地解放と医療改革によって社会主義政策を次々と実行に移すと、翌一九七一年、キューバ革命成功後の英雄カストロが現われ、チリとの友好関係をアピールして、政策が順調に進むかに見えた一九七三年のことであった。CIA副長官で〝クーデターの仕掛け人〟として悪名高いヴァーノン・ウォルターズらの工作によって、チリ駐在アメリカ大使が見守る中で反共主義者の陸軍総司令官ピノチェトが軍事クーデターを起こし、イギリス軍の戦闘機を使って大統領官邸を爆撃し、国民からの信望厚い大統領アジェンデは、カストロから贈られた銃を構えながら命を絶たれた。

翌一九七四年からピノチェトが大統領に就任して、悪名高い独裁政権が樹立されたのである。ファシズムに抵抗する人びとに対する拷問と大虐殺が展開され、死者・行方不明者は数千人に達し、拷問などの人権侵害を受けた人は一〇〇万人とも推定され、外国に亡命した人は当時のチリ総人口の一割の一〇〇万人にも達した。ピノチェトはアメリカ政府とイギリス政府の指示通り、ミルトン・フリードマンの新自由主義を実行し、企業を民営化に戻し、「チリの奇跡」とアメリカ・ウォール街が賞讃する政策のもとで、かつて農地解放によって農民に分配された農地も大地主の手に取り戻されたのである。若き日のゲバラに、まさかそのような先の未来までは読めなかったが、アメリカ資本主義の悪事だけは目に焼きつけたに違いなかった。

チリを後にしたゲバラは、左頁の地図に示される行路を往復しながら、ペルーでも、金属精錬の高度な技術を持ち、すぐれた統治システムを用いていた古代インカ帝国を築いた先住民が、現在は黙々と白人に従う屈辱的な姿を見た。そして、島に隔離されたハンセン病患者の病棟を訪れ、親身になって患者の診察をおこない、彼らと熱い心を通わせた。

次にアマゾン川上流の独裁政権下のコロンビアで圧政を見聞してから、隣国の石油王国ベネズエラに入って、貧富の格差に驚かされた。この国では一九一四年にマラカイボで世界最大級の油田が発見されて以来、現在に至るまで原油の埋蔵量がサウジアラビアをしのぐ世界一である。こうして貧しい農業国から石油収入による南米先進国となったベネズエラだったが、ハーバート・フーヴァー（のちにウォール街大暴落を起こすアメリカ大統領）が、ベネズエラの石油利権やメキシコ石油国有化をめぐってロックフェラーの代理人となって活動したため、一九三五年まで、「アンデスの暴君」と呼ばれたゴメス将軍の残忍無比の軍事独裁政権が続き、その時代から反政府活動が勃発していたのである。

そこからアメリカのフロリダ州マイアミに着いたゲバラは、植民地のプエルトリコ人と見られて差別を受け、屈辱を覚えた。一九五三年にアルゼンチンに戻って大学を卒業し、医師の資格をとったが開業せず、前年に革命を成功させた北のボリビアに入った。そこでゲバラは、イ

ゲバラの行路

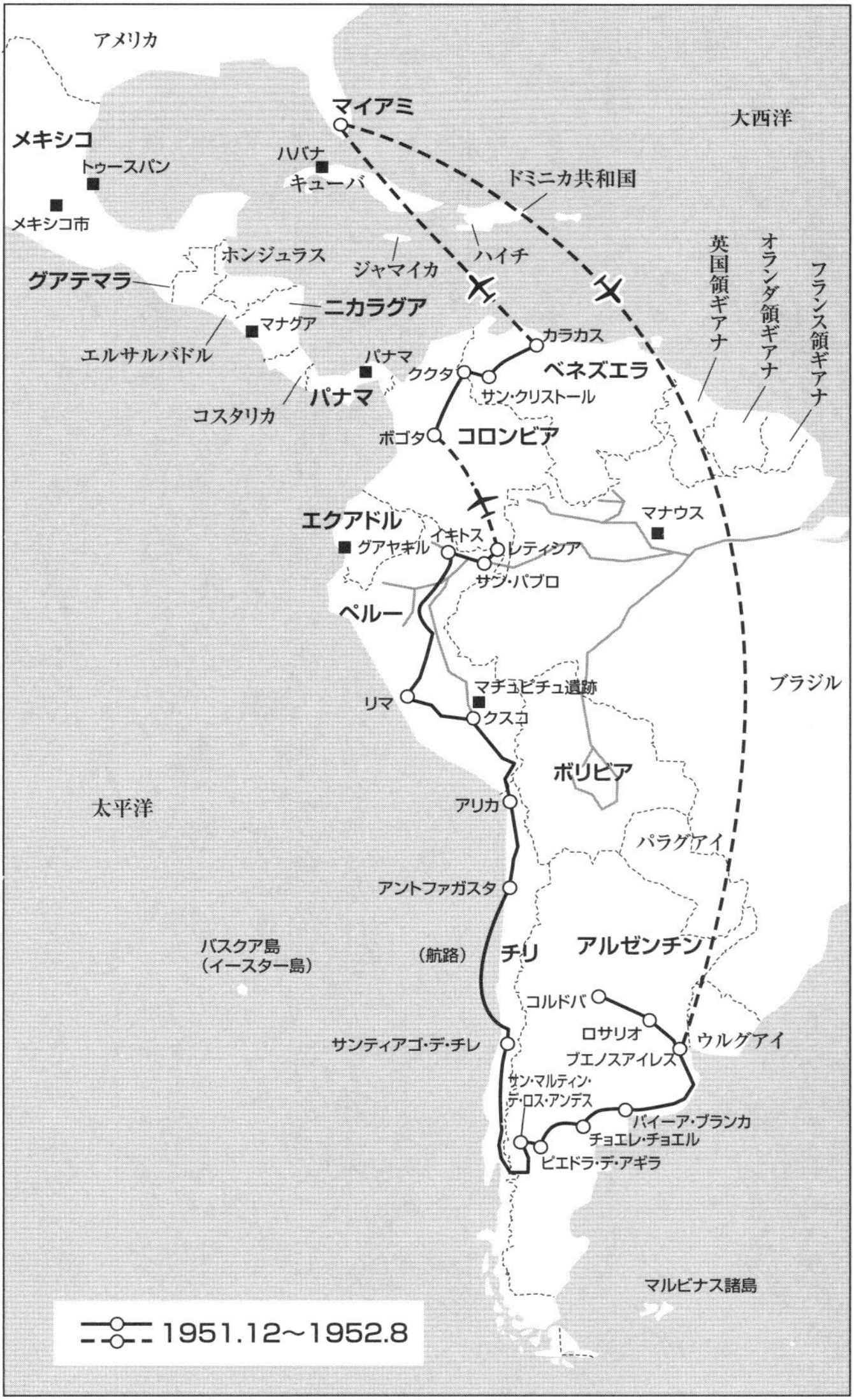
アメリカ
マイアミ
大西洋
メキシコ
ハバナ
トゥースパン
キューバ
ドミニカ共和国
メキシコ市
ホンジュラス
ジャマイカ
ハイチ
英国領ギアナ
オランダ領ギアナ
フランス領ギアナ
グアテマラ
ニカラグア
マナグア
カラカス
エルサルバドル
パナマ
ククタ
ベネズエラ
パナマ
サン・クリストール
コスタリカ
ボゴタ
コロンビア
マナウス
エクアドル
イキトス
グアヤキル
レティシア
サン・パブロ
ペルー
ブラジル
マチュピチュ遺跡
リマ
クスコ
ボリビア
アリカ
太平洋
パラグアイ
アントファガスタ
パスクア島
(イースター島)
(航路)
チリ
アルゼンチン
コルドバ
ロサリオ
ウルグアイ
ブエノスアイレス
サンティアゴ・デ・チレ
サン・マルティン・デ・ロス・アンデス
バイーア・ブランカ
チョエレ・チョエル
ピエドラ・デ・アギラ
マルビナス諸島
1951.12〜1952.8

ンディオたち先住民が革命政府によって解放されながら、労働者のデモを見ると、彼らの疲れ切った表情に悲哀を感じ、孤立したインディオと革命運動の連帯が必要だと痛感した。のちにゲバラはこの国で死を迎えることになる。

再びペルーに戻ると、アメリカ革命人民同盟が軍事独裁政権に弾圧されており、そこから北上して、エクアドルを通ってベネズエラに飛び、ユナイテッド・フルーツ社の船で海路から中米のパナマ運河のバナナ積み出し港を経て、平和の国コスタリカに入った。続いてソモサ独裁政権下のニカラグアを経て、社会主義革命に成功したグアテマラに行き、次のような理由から革命家となることを決意したのであった。

メキシコの南に隣接するグアテマラは、かつてのマヤ文明圏の地域だったが、二〇世紀にはグアテマラ政府がユナイテッド・フルーツ社を雇って、国内の郵便事業をおこなわせたため、ラジオと電話の通信ビジネスを同社が支配して、グアテマラが一企業の植民地となっていた。ユナイテッド・フルーツ社は一九三〇年代からユダヤ人サミュエル・ゼマレイによって買収支配され、大蛇アナコンダのように中南米一帯の企業を次々と呑みこんで合併し、本社をアメリカ南部ルイジアナ州ニューオルリーンズに構えて肥え続けた。この〝もともと貧しいロシア移民〟だったユダヤ人ゼマレイはシオニストで、イスラエル建国の活動に従事してきた人物であり、この男のトントン拍子の成功の陰に、同じニューオルリーンズに開業したユダヤ人ロスチャイルド財閥の投資銀行ラザール・フレールの資金があったに違いなかった。こうしてユナイテッド・フルーツ社の中米バナナ帝国を大きく育てたのが、ここグアテマラの腐敗政権だったのである。

しかし第二次世界大戦に前後して、進歩主義政党がその悪徳政権を倒し、労働者のストライキ権を確立すると、農園で慣習的におこなわれていた強制労働も禁止し、その政策を継いだハコボ・アルベンス大統領が、国内最大のバナナ畑と砂糖キビ畑の土地所有者であるユナイテッド・フルーツ社の農地を接収する社会主義的改革を断行したのである。中南米の全土を徘徊し、貧困層の民衆を脅かしていた大蛇の首を切り落としたこの勇気ある政策が、近隣の各国民衆から大喝采を浴びたため、ユナイテッド・フルーツ社の重役だったアメリカ・アイゼンハワー政権の国務長官ジョン・フォスター・ダレスが激怒した。

ダレスは、一九五四年六月にサミュエル・ゼマレイ前社長と組んで、同じユナイテッド・フルーツ社の重役である弟のCIA長官アレン・ダレスに命じて、ただちにCIA工作部隊が周辺国から集めた侵攻部隊八〇〇人を率いて軍事クーデターを強行させ、アルベンス大統領をメキシコに追放したのである。カストロがモンカダ兵営襲撃をおこなったのは一九五三年七月であり、このクーデター事件が起こった時に投獄されていたカストロは獄中でグアテマラの政変に衝撃を受けたが、偶然にもこのグアテマラのCIAクーデターに立ち会い、CIAの暗殺リストに挙げられたのが、若き日の旅行中のエルネスト・ゲバラであった。つまりカストロとゲバラの二人はまったく同じ時期に革命家として活動しはじめていた。若き日のゲバラが、貧困層を地獄に突き落として恥じないアメリカの帝国主義に遭遇して、敢然と武力闘争を決意したことは、この時に彼に与えられた運命の導きであった。

次に、グアテマラから北の国境を越えてメキシコに入ったゲバラは、医師としてアレルギー研究所に勤務した。CIAクーデター時代にグアテマラで彼が会った革命政府のペルー人女性活動家イルダと再会し、先住民の血が流れている七歳年上の彼女と二年後に結婚することになる。さらにここで、CIAクーデター時代のグアテマラで知己となったキューバ人ニコ・ロペスとも再会した。このロペスがメキシコに亡命していたラウル・カストロにゲバラを紹介し、ついにその兄フィデル・カストロに紹介されることになったのだ。

このようにして二人を引き合わせたのは、まさに帝国主義のアメリカ暴力集団であった！

第二章　革命の決行と国民の蜂起

カストロ兄弟とチェ・ゲバラがキューバ革命を決意した

カストロとゲバラが出会った一九五五年は日本の敗戦一〇年後、昭和三〇年にあたり、キューバ人のペレス・プラードがメキシコに移住して楽団を結成し、キューバ黒人の生み出したラテン音楽ルンバにジャズを取り入れた「マンボ」を演奏して一世を風靡していた時代である。そこにメキシコ人とプエルトリコ人のトリオ・ロス・パンチョスが「キエン・セラ」や「ある恋の物語（Historia de un amor）」を歌ってこれも世界的にヒットさせ、キューバ音楽チャチャチャ、さらにキューバ人が作曲した「キサス・キサス・キサス」もヒットし、のちにナット・キング・コールが歌って世界的大ヒットとなるなど、日本にラテン音楽ブームをもたらしていたので、多くの日本人には記憶があるはずだが、そんな中、メキシコにやってきたのが、中南米各国を旅してきたゲバラであった。

当時のゲバラは、金に窮していたのでジャーナリストや写真家のアルバイトをして働いていた。一九五五年六月下旬にラウル・カストロが、続いて七月八日にメキシコ市に入ったフィデル・カストロが、メキシコ市を革命の司令部として次々と同志を集めていた時、その人脈の連鎖に加わったのがエルネスト・ゲバラであった。初めてゲバラに会ったフィデル・カストロが、キューバで起こそうとしている革命計画について話を持ちかけると、中南米を旅したゲバラも同じようにゲリラ戦によるラテンアメリカの改革に燃えていたので、カストロの持つ壮大なラテンアメリカ全体の変革という構想に心打たれ、一も二もなく賛同した。

夜を徹して二人が話し合ううち、無類の読書家であるゲバラを観察したカストロは、ゲバラが自分よりすぐれた知性ある革命家だと知って、互いにすっかり惚れこんで仲間となった。カストロは、「アメリカ帝国主義がキューバをラテンアメリカ侵略の最前線として構築しようとしている現状」に黙っていられず、武装蜂起によって絶対に阻止する計画を抱いていた。それを聞いたゲバラは、カストロ部隊の従軍医師に志願し、同時に戦闘員になることを買って出た。この時から、ゲバラは「チェ」の名で呼ばれるゲリラ戦士となったのである。

この時、キューバ生まれの老人アルベルト・バヨがメキシコにいた。彼は、スペインの陸軍士官学校でゲリラ戦を研究し、一九三六～一九三九年のスペイン市民戦争（スペイン内戦）に参加してゲリラ戦を体験してきた歴戦のインテリ革命家であった。彼が戦火をかいくぐったスペイン市民戦争は、フランコ軍に対して市民が決起した時、スペイン軍部とその協力者ナチス空軍が市民を虐殺したことに画家ピカソが激怒し、歴史的名画〝ゲルニカ〟を生み出した戦いである。しかも誕生した独裁者フランコの政権を承認したのが、アメリカのフランクリン・ルーズヴェルト大統領であったのだ。

この歴史に立ち会った古つわ者のアルベルト・バヨは、カストロが「あなたはキューバ人だから、われわれを助ける義務がある」とすさまじい勢いで熱弁をふるう真剣さに押され、ゲリラ戦に必要な部隊の訓練を引き受けた。続いて、「農民を味方につければ勝てる」という秘訣をカストロに教えると、教職をやめ、経営していた工場を売り払って、軍事訓練を開始した。

彼らにまず何よりも必要なのは、武器を揃えるための軍資金であった。そこで一九五五年一〇月、カストロは、革命に協力的なアメリカの資産家を探そうとニューヨークに出かけて行き、キューバ人亡命者数百人に対してキューバ侵攻作戦を宣言する演説をぶち、大金を集めることに成功して、キューバ上陸用の船を購入する資金も手にした。一方、このあからさまな挑戦を受けた独裁者バティスタは、諜報員をメキシコに派遣して絶えずカストロをマークして監視し、隙あらば暗殺しようとつけ狙った。

カストロがメキシコに戻ったあと、アルベルト・バヨの指導のもとで、彼らはすぐに具体的な戦略にとりかかった。今度こそ襲撃に失敗しないよう大量の武器を揃えてから、プロのゲリラ戦士になるための射撃練習をスタートし、夜間や長時間の行軍をおこない、さらに急坂の山登りや、粗食に耐えること、地図の読み方を学ぶなど、厳しい軍事訓練をくり返した。そしてカストロが上陸を予定しているキューバの海岸線の詳細な海図を入手し、チェ・ゲバラは指揮官に選ばれた。

ところが事態は急転した。一九五六年六月二〇日夜にバティスタから通報を受けたメキシコ警察の諜報機関によって、カストロらは危険人物として逮捕されたのである。その後、密告者がいたため革命同志が次々に警察に襲われると、カストロは「これは大事の前の小事」と判断し、事を荒立てないよう同志を投降させたため、ラウル・カストロを除いて、チェ・ゲバラを含む合計およそ四〇人が次々と投獄された。この逮捕のニュースはキューバとメキシコの新聞で報じられ、その時、弁護士の伝《つて》から、カストロに手を差し伸べる人物が現われた。先に述べた通り一九三四年からメキシコ大統領となって革命をなし遂げ、農地を膨大な数の貧困層に解放し、次々とメキシコの社会改革を実行した先駆者ラサロ・カルデナスであった。

彼が「カストロはカリブ海の救世主になる男」と見抜いて、ルイス＝コルティネス大統領を通して警察に釈放するよう歎願してくれたため、拘禁三四日後の七月二四日に、カストロは自由の身となったのである。チェ・ゲバラもその七日後に釈放された。彼らは「軍事行動をおこなうならメキシコから出国せよ」と命じられながら、メキシコに潜伏してとどまった。

カストロ軍団がキューバ上陸作戦を決行！

やがて資金が足りなくなってきたカストロは、かつてバティスタのクーデターで追われた元キューバ大統領カルロス・プリオの亡命先であるアメリカのテキサスに不法入国すると、プリオに金を無心し、五万ドルの大金を手に入れて軍資金を工面することに成功した。こうして準備を整えたカストロは、キューバ国内に残った〝七月二六日運動〟グループと連絡を取り合って、国内の革命組織と連携するよう指示を与え、ゲリラ部隊をメキシコに送るよう命じて精鋭を集めていった。やがてキューバとアメリカから到着した精鋭戦士四〇人を加えて、九月に、キューバ上陸用の船を購入した。

この一九五六年、奇しくもモンカダ兵営襲撃記念日と同じ七月二六日に、はるか離れた国エジプトでは、アレクサンドリアの広場を埋めつくした大群衆に向かって、ガマール・ナセル大統領が「スエズ運河会社の国有化」を宣言し、ナセルがその運河の運営収入でダムを建設する計画を発表して、広場の群衆が熱狂的に歓喜していた。驚愕したイギリスとフランスとアメリカは、自国内にあるエジプトの全資産を凍結する反撃に出た。このニュースを聞いた全世界に、熱烈な歓呼の声が巻き起こり、帝国主義と民族主義の戦いが火蓋を切っていた。

こうして中東でも民族主義の蜂起が起こっているニュースを耳にしながら、次はここカリブ海・中南米地域が決起する番だという決意を新たにして戦闘訓練を終えたカストロは、着々とメキシコ出立の準備を進め、キューバに上陸して合流する日程をキューバの部隊に伝えたが、キューバ部隊はカストロを迎える充分な態勢ができていなかった。しかしカストロは、アメリカで資金カンパをしてくれた人たちに「一九五六年末までにキューバを解放する」と約束していたので期限が迫っていた。すでにゲリラ部隊の同志が逮捕されはじめ、メキシコ警察に武器を押収される事態になってきたので、準備不足を承知の上で、無理を押しても急いで革命を決行することにした。ゲリラ部隊をキューバまで運ぶ唯一の輸送船は、先に買いこんでおいたディーゼルエンジン付きの木製ヨット「グランマ号」であった。グランマとは「おばあちゃん」のことで、その名の通り、一三年前に製造された中古の頼りない船であった。

一九五六年一一月二五日（キューバ革命成功に先立つほぼ二年前）、いよいよ革命の決行に踏み切った。深夜午前二時前、カストロたちキューバ革命軍の武装部隊が、チェ・ゲバラと共に、メキシコ湾に臨むベラクルスの港トゥースパンで落ち合い、定員二五人の船「グランマ号」に八二人という三倍以上の人間を乗せて、キューバの上陸地点サンティアゴをめざして出航したのだ。目的地のキューバ東部まで二〇〇〇キロ以上の距離、日本でいうなら北海道最北端の宗谷から直線で沖縄本島までぐらいの長い船旅だったので、朽《く》ちた使い古しの船による航海は、重量過大の人間を乗せて沈没しかかり、突風と大波によって難儀をきわめた。同志たちの多くが船酔いしながら、食料と水が完全に底をつくという悪夢の中、七日後の一二月二日に、キューバ島東部、予定地点からかなり離れた場所に、難破のような形でようやく上陸した。予定より二日遅れていた。

ところが、その二日前に〝七月二六日運動〟部隊三〇〇人のうちの一部が、事前の計画通りサンティアゴで蜂起して警察や港への襲撃を開始していたのである。カストロ部隊が到着しないまま戦った彼らは襲撃に失敗し、密告者の通報によってゲリラ攻撃の革命行動は、バティスタ軍にすっかり筒抜けになっていた。上陸したカストロ部隊が探しても仲間の姿はなく、上陸地点で合流するはずの部隊は、増強されたバティスタ軍によって蹴散らされていた。大量の武器などを残して海岸に放置してきたグランマ号は、キューバ海軍によって発見され、カストロ一行は農民たちから食べ物をもらって飢えをしのぎ、東に向かって夜間だけ行軍して、さまよい歩いた。

やがて四日目の一二月五日の夜明け、野原で空腹のまま休息していたカストロ部隊は、待ち伏せていたバティスタ軍から急襲を受けた。反乱軍は裏をかかれて機銃掃射を受け、ひとたまりもなく四散し、わずかに交戦しても次々に殺されるか逮捕され、総崩れとなって壊滅状態となった。八二人のうち、かろうじて生き残ったカストロ兄弟と、銃撃を受けて負傷したチェ・ゲバラたち、ゲリラ部隊わずか一六人が、ちりぢりに別れながら、現地の農民らの手引きでシエラ・マエストラ山中に逃げこんだ（この一六人に関しては諸説あるが、本書では、巻末資料に掲載した『フィデル・カストロ――カリブ海のアンチヒーロー』〔タッド・シュルツ著〕を参考にした）。

執拗に追撃するバティスタ軍は上空から飛行機で捜索したが、シエラ・マエストラ一帯は、キューバ南岸沿いに東西一三〇キロにおよぶ広大なジャングルの山塊で、最高峰が一八〇〇メートル以上あり、人家がまばらな深い森なのでカストロたちは発見されず、キューバ陸軍司令部は「反乱兵は壊滅した」と判断してシエラ・マエストラ地域から戦闘部隊を引き上げさせた。かくして森の懐深く入りこんだフィデル・カストロは、巧みに逃げ回るうち、強運あって〝七月二六日運動〟に属する農民に救われ、彼らが見事な連絡網を使って同志を探し出してゆき、一二月一八日にラウル・カストロと、一二月二一日になってチェ・ゲバラと山中で劇的な再会を果たし、新たに農民四人が入隊して総勢二〇人となった。

カストロがシエラ・マエストラ山中で頭脳作戦にとりかかる

ここまでの経過を見れば、誰が考えても、数万人の大軍隊を擁するバティスタ軍が、空軍の攻撃力も持っていたのだから、残り少数のカストロ軍が勝てる道理はまったくなかった。ところが歴史は、二年後にカストロ革命軍が勝利した、と記録しているではないか。

再起できないほど大敗したはずのカストロが、この状況でも勝利を確信していたのだ。これには度肝を抜かれて、驚倒するほかない。彼は、地獄でかすかに一縷《いちる》の望みをつないだのではなかった。「キューバ国民の大半がバティスタを憎んでいるのだから、国民さえ決起すれば必ず勝てる」と圧倒的勝利を見通したのだ。言われてみればその通りだ。しかしどのような妙案で、国民を決起させることができるのか？　この時、天才的な考えがカストロの頭にひらめいた。「ゲリラ部隊の軍勢が有利だという噂を流せば、国民は総決起する」と。しかもバティスタは、「カストロは上陸作戦に失敗して殺された」と大々的に発表しているのだ。〝死人が生きている〟という怪談を利用しない手はない！

カストロらの反乱兵が生きているという報道と噂が次第に広まる中、バティスタはワシントンのアイゼンハワー政権から多数の爆撃機を購入して、新たな反乱に備えた。そこで、カストロ部隊は山の尾根を越えて海側に移動して潜伏し、そこに都市部の同志から武器と弾薬が新たに届けられ、部隊が二九人に増えた。

年が明けた一九五七年一月一七日に、まず反乱軍は、バティスタ軍の駐屯地に対する第一波の奇襲攻撃を敢行し、銃撃戦で兵士を殺して武器を奪った。しかし捕虜は殺さず、ゲバラが負傷者に治療をほどこし、薬を与えて全員生きたまま釈放した。奇襲を食らったバティスタを動揺させることに成功すると、国家から家畜のように扱われて冷遇されるシエラ・マエストラ地方の農民に〝革命後の土地分配〟を約束して一人二人と味方につけてゆき、農民の支援網をつくりあげていった。

山中の密告者が、カストロの所在地をバティスタ軍に教えるので、たびたびの攻撃にさらされていたこの時、カストロは自軍優勢の噂を広めるために、キューバ政府の手がおよばないアメリカの報道界を利用しようと計画した。二月、都市部にいる同志が、スペイン市民戦争をヨーロッパから報道した〝ニューヨーク・タイムズ〟の反骨的で戦場体験豊かな記者ハーバー

Cuban Rebel Is Visited in Hideout

Castro Is Still Alive and Still Fighting in Mountains

This is the first of three articles by a correspondent of The New York Times who has just returned from a visit to Cuba.

By HERBERT L. MATTHEWS

Fidel Castro, the rebel leader of Cuba's youth, is alive and fighting hard and successfully in the rugged, almost impenetrable fastnesses of the Sierra Maestra, at the southern tip of the island.

President Fulgencio Batista has the cream of his Army around the area, but the Army men are fighting a thus-far losing battle to destroy the most dangerous enemy General Batista has yet faced in a long and adventurous career as a Cuban leader and dictator.

This is the first sure news that Fidel Castro is still alive and still in Cuba. No one connected with the outside world, let alone with the press, has seen Señor Castro except this writer. No one in Havana, not even at the United States Embassy with all its resources for getting information, will know until this report is published that Fidel Castro is really in the Sierra Maestra.

This account, among other things, will break the tightest censorship in the history of the Cuban Republic. The Province of Oriente, with its 2,000,000 inhabitants, its flourishing cities such as Santiago, Holguin and Manzanillo, is shut off from Havana as surely as if it were another country. Havana does

Continued on Page 34, Column 1

The New York Times

Fidel Castro at a heavily shaded outpost on Feb. 17. He gave the signature to the correspondent who visited him.

1957年2月24日のニューヨーク・タイムズ紙

ト・マシューズがちょうどハバナにいることを伝え聞いて、〝世界的スクープ〟を提供しようと持ちかけ、潜伏するシエラ・マエストラ山中の秘密基地に手引きした。マシューズ記者は、新婚旅行中のアメリカ人夫婦を装って、妻を同伴しながら迷路のような山道をたどって基地に招かれ、二月一七日に早速カストロが極秘のインタビューを受けた。

森の中で、死んだはずの実物のカストロと面会したマシューズは得意になって、ライフル銃を抱えた戦闘服姿の鬚男《ひげおとこ》カストロの写真を撮影した。そしてカストロ部隊がほとんど生き残っていないのに、カストロの演出により、マシューズはいかにも多数の部隊が動いているかのように錯覚させられ、「背後には、大部隊がいる」というカストロの説明に聞きいった。その結果、「考えられているよりはるかに多くの軍勢がいて、しかもキューバ国民の大半は彼を支持している。負け戦のバティスタ軍は、この反乱を制圧できないだろう」という内容の迫力ある長文記事を、一九五七年二月二四日から三日間、カストロの署名付きで〝ニューヨーク・タイムズ〟第一面に大々的に掲載したのである。

加えて、カストロのゲリラ部隊には共産主義者が何人もいたのに、カストロは敵を増やさぬよう共産主義を胸の奥にしまって隠したので、マシューズは「教養の高いカストロは、反共産主義で、民主的な反逆者である。彼が戦っているのは、軍事独裁者のバティスタ大統領である」と紹介し、さらにキューバ国民がユナイテッド・フルーツ社によって搾取され、バティスタ軍が所有する機関銃などの武器をアメリカ政府が供給している実情を解説して、反乱の道理を説いたのだ。

キューバ全土からラテンアメリカとアメリカ合衆国に、一大センセーションが巻き起こった！　その記事に目を丸くして驚いたバティスタは、往生際悪く「写真も記事も偽物だ。虚報である」との声明を出して否定してみせたが、策士のマシューズ記者が、今度は自分とカストロが並んだ写真を掲載し、ラウルらの同志が健在である写真も添えて、バティスタにトドメを刺した。このニュースはのちに〝二〇世紀最大のスクープの一つ〟と呼ばれた通り、巨大な反響をキューバ全土に巻き起こした。さらにカストロが追い打ちをかけるように「革命への参加の呼びかけ」を発表すると、激震が起こった。

アメリカの赤狩りマッカーシズムに反旗を翻してきたテレビ局CBS放送が山中にやってくると、カストロが「キューバ革命がはじまった」と宣言し、フランスの週刊誌〝パリ・マッチ〟の記者もそのニュースに飛びついてカストロの現地取材ドキュメント報道をおこなったため、あたかもキューバ全土で反政府ゼネストが起こったかのように、トテツモナイ錯覚効果をもたらした。ゲリラ戦士はたった三〇人足らず……何も起こっていないのに……

とりわけ東西冷戦で恐怖の赤狩り時代を体験してきたアメリカ人にとって、「カストロは共産主義者ではない」と主張するマシューズ報道がもたらした効果は絶大であった。そこにカストロが、暗殺などのテロ行為を批判する声明を出すと、〝七月二六日運動〟に対するアメリカ人の支援者が続々と声をあげはじめ、なんと大企業からも含めて、ゲリラ戦士に最も必要とされた応援資金がシエラ・マエストラ基地に届けられたのだ。〝残忍な独裁者バティスタ〟のイメージが全世界に広まるのを見て、ワシントンでは、バティスタ軍に対する武器輸出を停止すべきだという意見が強まった。こうして報道界がまんまとカストロの頭脳作戦にひっかかって、起死回生の策は見事に成功して劣勢をひっくり返し、ゲリラ戦を実行する前からバティスタ軍の土台を弱体化させてしまったのである。このマシューズ記者は、キューバ革命の成功後も、「カストロは共産主義者ではない。革命政府の中には共産主義者が一人もいない」という論陣を張って、カストロを支えることになった。

一九五九年にキューバ革命を成功させたフィデル・カストロと、その八年後にボリビアのゲリラ戦で戦死したチェ・ゲバラの違いは、こうした頭脳戦ができるかどうかにあったと言えるだろう。

熾烈なゲリラ戦が展開された

最初わずかに二〇人だった山中のカストロ軍団は、都市部の同志部隊がゲリラ戦士を送りこんで一〇〇人近くに増えた。続いて農民の志願兵が集まってきたので、一九五七年五月二八日深夜に、完全武装したバティスタ軍の陸軍基地を奇襲攻撃して大戦果をあげ、「勝てる！」という確信が生み出された。マシューズの記事が掲載されてから五ヶ月間で志願兵がシエラ・マエストラ山中に続々と集結して、七月には二〇〇人を超える部隊にふくれあがったのだ。カストロは、これら武装兵の部隊を三つに分け、弟ラウルとチェ・ゲバラを別動隊の指揮者とし、彼らの占領地域は日々拡大した。

そこでカストロは、七月一二日に〝シエラ・マエストラ宣言〟に署名し、「暫定政府を設立して、農地の解放とキューバの工業化を遂行する」という政策綱領を発表して、「基本的人権を守るべく、自由選挙によって民主的な政府を生み出そう」と呼びかけた。選挙については口約束で実施しなかったが、この政策綱領は、のちに革命政権が実現に取り組む通り、カストロにとって微塵《みじん》の嘘もなかった。

しかし都市部の同志が次々とバティスタ軍の凶弾に倒れ、チェ・ゲバラも銃撃で負傷する苦戦を体験し、虎の尾を踏む危機一髪と阿鼻叫喚《あびきょうかん》の日々をくぐりぬける中、密告者の尾行をくらますため隠れ家の司令部を移しながら戦っていると、そこにアルゼンチンからラジオ放送記者がシエラ・マエストラ基地にやってきた。この記者が故国の英雄チェ・ゲバラをアルゼンチンで紹介したので、ここから後世に名を残すゲバラ伝説が誕生したのだ。

反乱軍は、キューバ東部をじりじりと三方から制圧していった。同時に〝七月二六日運動〟

部隊を通じて、ゲリラ新聞と反乱軍放送によって国民に決起を呼びかけながら、キューバ全土で反バティスタ勢力が爆破やサボタージュをおこなって、政府軍を混乱させていったのである。

反乱部隊は、政府軍と銃撃戦になれば彼らを殺さなければならなかったが、捕虜は必ず即座に解放し、負傷している捕虜には治療をほどこしてから解放するという人道的な方法をとり続けた。捕虜を解放すれば、相手に反乱軍の所在地を教える危険性はあったが、解放されたバティスタ軍兵士は、処刑を免れた喜びから、やがて反乱ゲリラ部隊の態度に敬意を払うようになり、一人二人と降伏して味方につくようになった。またゲバラが農民解放運動を呼びかけたため、その政策に共鳴した農民が反政府ゲリラ活動に多数参加しはじめた。カストロはそれが巨大な反乱勢力であるかのように見せる演出を怠らず、また国外からは一切の介入を拒否したので、キューバ人の結束と士気を高め、その動きはキューバ島全体が、カストロの雪崩《なだれ》に呑みこまれてゆくような勢いを持っていた。

翌一九五八年春に入ると、中米コスタリカの社会主義者ホセ・フィゲレス大統領がカストロ軍の武装蜂起に小躍りして、武器庫に保管していた大量の武器を取り出してカストロのゲリラ軍団に飛行機で送りこんだため、一挙に森林に潜む指揮官カストロの部隊に大量の武器・弾薬や食料が供給されて、情勢は一層有利になった。

パナマの北西に隣接するこのコスタリカは、中米におけるコーヒー栽培のパイオニアとして農園を発展させ、のちにユナイテッド・フルーツ社が進出してバナナ栽培がコーヒーをしのぐ産業として栄えてきたが、たびたびの政変で国内が混乱しながら、一九四八年に国民解放党のフィゲレスが政府軍に反乱を起こして成功した国であった。翌年にフィゲレス大統領が常設軍を撤廃する憲法を制定して以来、日本国憲法と比肩される特異な〝軍隊のない〟平和国家を築き、女性に参政権を与え、黒人奴隷の子孫にも平等に国籍を与えて、クーデターのない独自の道を歩んできた。加えて、フィゲレス大統領は銀行を国有化した社会主義者であり、常設軍を撤廃して不要になった武器を倉庫に入れて保管していたので、カストロがキューバ革命に決起したと聞いて、武器庫からこの大量の武器を取り出してカストロのゲリラ軍団に送り、独裁者バティスタ打倒を成功させる陰の立役者となったのである。スピルバーグ監督の恐竜ヒット映画『ジュラシック・パーク』（一九九三年）の舞台は、コスタリカの南西沖にある太平洋のコ島をモデルにした作品と言われている。

こうしてジープも入手したカストロ反乱軍は、病院を襲って医薬品を確保しながら野戦病院を次々とつくり、印刷所を接収し、ラジオ放送局まで設置してバティスタの悪行《あくぎょう》を広く宣伝した。さらに屠畜場を占拠して食料を確保しながら、地雷工場と葉巻工場までつくりあげ、山中の秘密基地の防衛態勢を強化すると、ついに山岳地方全域から政府軍を完全に追い出したのである。

バティスタの反撃に対するカストロ反乱軍の進軍

この頃、バティスタの評判はガタ落ちとなって、世界中から囂々《ごうごう》たる非難を浴びはじめた。そのため一九五八年三月、ついにアメリカ政府がバティスタ軍に対する武器供給を公式にストップして、独裁者に見切りをつけた。ところがハロルド・マクミラン首相のイギリス政府が、キューバに精油所を持つロスチャイルド財閥のシェル石油の陰謀で、アメリカに代ってバティスタに対する戦車や航空機の供給をおこなう協定に署名したので、カストロは激怒した。またアメリカ政府はカストロを信用せず、裏ではバティスタに代る〝カストロではない親米政権〟の樹立を目論んで、あくどい工作を続けていた。

世論情勢が不利になりつつあったバティスタだったが、一九五八年四月に都市部でゼネスト参加者を大量に殺戮して意気軒昂《けんこう》になると、五月二〇日から、反乱ゲリラ部隊に対して一万二〇〇〇人の大兵力を投入する大規模な殲滅作戦をおこなう大統領宣言を出したので、カストロのシエラ・マエストラ司令部一帯が、戦車と大砲と飛行機で猛攻撃を受けはじめた。劣勢だったバティスタ軍からの反撃が烈しさを増してゆき、都市部では警察が大量の反政府勢力を逮捕し、残忍な拷問と、不法な処刑によって弾圧がくり返された。至るところで、バティスタ軍に殺された数百人規模の死体が転がる内戦状態となって、反乱軍が全滅する最大の危機を迎えた。

政府軍兵士はカストロ反乱軍三二〇人の四〇倍近い数で、ヘリコプターと軍用機と大砲を投入した攻撃力で、圧倒的な優位にあった。ところが政府側がおこなったこの大軍の投入は、裏目に出た。彼らには、ゲリラ戦の経験がまったくなかったのだ。政府軍は迷路のようなジャングルの山を登ることができず、カストロ軍が敷設した地雷に前進を阻まれた。戦闘のたびに、待ち伏せするゲリラ兵士がライオンや虎のように忍び足で気づかれぬようそっと近づき、襲いかかって相手を仕留める機動力の前に、戦車などの強力な兵器を次々とカストロ軍に奪いとられ、ほかにも大量の武器・弾薬がゲリラ部隊の手に渡った。バティスタの大軍は、二ヶ月の戦闘で死傷者およそ一〇〇〇人、捕虜四〇〇人を出して、完全に敗れたのだ！

この時期の六月二六日には、キューバ北東部サンティアゴ地方にあるアメリカのニッケル鉱山と、ユナイテッド・フルーツ社の砂糖工場をラウル・カストロの部隊が急襲して、トラックを奪い、民間のアメリカ人とグアンタナモ基地の海兵隊員の計五〇人近くを誘拐し、アメリカ帝国主義の牙城を制圧する大きな戦果を挙げた。誘拐に対してアメリカのメディアが憤激したので、これらアメリカ人は三週間後に解放された。こうした連戦連勝を続けるカストロの術中に陥って、市民から烈しい憎悪を買ったバティスタ軍は、兵士が戦意を失ってゆき、バタバタと白旗をあげて反乱軍側に寝返り、敗色濃厚となって、四分五裂しはじめた。

壊滅したバティスタ軍側の士気が完全に喪失したのに対して、戦車の機動力を持ったカストロ軍は、正規の軍隊のような兵員と装備を整えてから、本格的な進軍を開始したのである。戦いの前半は、山林地帯でゲリラ戦を交えていた反乱軍勢力だったが、今や戦車を駆ってシエラ・マエストラ地域からバティスタ軍を撤退させ、次第にジリジリと都市部に進出していった。特にカストロの命令を受けたチェ・ゲバラとカミロ・シエンフエゴスが率いる二つの反乱軍部隊は、八月から山をおりて最後の決死の行軍に入った。彼らは撃破を重ねて首都ハバナにジリジリと近づいて、バティスタ軍の武器庫や弾薬庫を次々に爆破し、その軍隊の手足をもぎとっていった。九月半ばにはフィデル・カストロ自身も山からおりて、サンティアゴのバティスタ軍主力部隊の包囲作戦の指揮を執りはじめ、ラウル・カストロ部隊も東部から攻めたて、挟み打ちにしたため、一一月までには東部のほぼ全域を反乱軍が制圧したのである。

この間、一〇月一〇日にカストロは、シエラ・マエストラ地方で土地を持たない小作人や無断借地農民に対して、自分たちが政権に就いた暁には彼らに土地を与えることを約束する〝農業改革法〟に署名して、無産階級の貧しい農民を完全に味方につけて、反乱軍の八割が農民で占められるまでになった。こうしてフィデル・カストロ部隊が破竹の進軍をはじめた一二月初めに、カストロが〝キューバ臨時革命政府の大統領〟に指名していた元最高裁判所長官のマヌエル・ウルティア判事が、亡命先の南米ベネズエラから大量のお土産を持って飛行機で到着した。それはベネズエラ大統領から贈られた大量の武器と弾薬であった。大統領に指名されたこのウルティア判事は、モンカダ兵営襲撃事件を裁いたサンティアゴの判事で、カストロを支持して解職処分を受けていた人物であった。だが武器と弾薬をありがたく受け取ったカストロにとっては、革命に利用するために指名した幻の大統領職なので、実権があると勘違いさせないようウルティアを冷たくあしらっておいた。

こうしてキューバ上陸からほぼ二年間のゲリラ戦をカストロ軍が戦い抜いたあと、ついに一九五八年のクリスマスに、首都ハバナから二五〇キロほど東の大都市、サンタクララにおける大戦闘がチェ・ゲバラの指揮下で開始された。この時のゲバラは、バティスタ軍・カストロ軍という敵味方の区別なく、負傷している者すべてを治療する人道的な従軍医師であった。しかし、すでに二年間の戦闘を指揮官としてくぐりぬけ、自在に銃砲を駆使する完璧なゲリラ戦士になっていたので、その体は傷だらけであった。しかも彼は、烈しい喘息《ぜんそく》の発作に襲われるという持病を抱えていたのである。

一方、政府側はこのゲバラ部隊を壊滅させるため、空軍が出動してサンタクララの街に無差別爆撃をおこなったため、市民に数千人という大量の死傷者が出た。これに激怒した市民が一斉に反乱軍のゲバラ側について決起し、一九五九年一月一日に新年の鐘が鳴り渡る頃、チェ・ゲバラ率いる部隊が政府軍を打ち破って戦いが最高潮に達した。

その日の深夜、アメリカ政府特使から国外退去を強く勧められた独裁者バティスタは、それまでに蓄えた三億ドル以上という莫大な不正財産をかき集めると、家族四人と側近のほか、ハバナの歓楽街に君臨したアメリカのマフィアたちと共に、尻尾を巻いて逃げ出し、飛行機で独裁者仲間のトルヒーヨがいるドミニカ共和国に亡命した。これが『ゴッドファーザーPARTⅡ』に描かれたシーンであった。かくして一九五九年一月一日が、〝キューバ解放記念日〟となったのである。

続いて翌二日に、カストロ本人の部隊によって、因縁のモンカダ兵営が占拠されてバティスタ軍が無条件降伏し、東部のサンティアゴ一帯が反乱軍の前に落城し、総司令官カストロが勝利演説をおこなった。ラウル・カストロは一帯に潜むバティスタの残党を捕まえ、犯罪者とおぼしき者だけを処刑した。

革命軍は臨時首都をここサンティアゴとし、ただちにキューバ革命政権樹立を宣言した。そして、〝政治的に中庸な〟臨時大統領として「元最高裁判所長官のマヌエル・ウルティア判事は人民選挙で選ばれた大統領だ」と嘘の発表をおこなった。

ここに、神の不思議な摂理が働いて、奇蹟としか思えない勝利がもたらされたのであった。

カストロは、キューバ人二万人以上を殺してきた残虐な人間バティスタを、自分の手で裁判にかけて罰したかったが、悪魔はその手から逃げ延びてしまい、長い間の宿志《しゅくし》を遂げることはできなかった。だがそのバティスタを動かしてきた本物の悪魔が、ラテンアメリカ全土に翼を広げるアメリカ合衆国政府である事実について、カストロは生涯、一瞬たりとも忘れることがなかった。実は、アイゼンハワー政権はこの時、キューバの軍人を首班とする新政府を樹立して、カストロの革命政府が生まれないように手を打っていたのである。したがって、革命はまだ道半ばにあり、完結していなかった。

カストロの革命政府が発足した

ところが意外にも、アメリカが推し立てたキューバ軍の指揮官は、カストロに敗れることを読み切って、アメリカ政府に従わず、キューバ政府軍を引き渡すことを電話でカストロに伝えたのだ。〝バティスタ亡命〟のニュースは国内に大混乱をもたらし、一部には略奪も起こったが、キューバ国民の大半が決起した革命であり、カストロ自身が国民に冷静な行動を呼びかけたので、群衆による流血事件はほとんど誘発されなかった。キューバ人の心は至福の雲に包まれていた。

すでに一月二日から、カストロの命でハバナ制圧のために派遣されていた秘蔵っ子指揮官チェ・ゲバラが、ただちに首都攻撃をかけて悪名高いラ・カバーニャ要塞を接収し、バティスタ軍将校と兵士三〇〇〇人を降伏させて、一月四日までに首都を完全に掌握した。この要塞はバティスタが刑務所として使い、反政府主義者に対する拷問と処刑に明け暮れた因縁の場所だったので、チェ・ゲバラはそこを完全に支配して政治犯を解放し、革命に反対する新たな犯罪者

カミロ・シエンフエゴス（左）と共に自動ライフルを握ってハバナに凱旋するフィデル・カストロ

を送りこむ場所として利用した。ハバナ市内には、ほかにも極秘書類が隠されている秘密警察部門があって、ゲバラはそうした事務所を接収して犯罪の証拠書類を次々と確保していった。こうした活動について〝ヒーロー〟チェ・ゲバラは、「私は共産主義者ではない。民主主義者である」と記者会見を通じて公言しながら、ハバナに駐在する全世界の報道機関に公開した。

こうしてほぼ数千人以上と推定される犠牲者を出しながら、ゲリラ革命軍がキューバ全土をほぼ完全に軍事制圧する中、今度は政治的な完全勝利の確証を握るべく、ラウル・カストロに東部サンティアゴの防衛を任せた最高指揮官フィデル・カストロが、革命軍を率いてサンティアゴを出発し、国中の町々で演説をおこなった。大歓呼の声を受けながら西に向かって進軍するカストロの雄姿は日々テレビで実況中継された。すると一月七日に、カストロの戦略に裏をかかれたアメリカのアイゼンハワー政権が、ウルティア大統領のキューバ新政府を承認したのである。

この数日の行軍の間に革命軍が一挙に膨れ上がる中、翌一月八日に、カストロが三〇〇〇という大軍の兵を率いて、ついに首都ハバナに戦車で凱旋した！　熱狂して全土から集まって彼をひと目見ようと沿道を埋めつくした大群衆に迎えられ、大統領府に入ったカストロは、ウルティア大統領と共にバルコニーに立ち、大群衆に向かっての勝利演説で、「キューバの独裁政権を打ち倒し、圧政者からあなたたちを解放した」と宣言した。ここに、キューバ革命が成ったのだ。群衆からわき起こる「万歳！」の歓呼は止むことなく続いた。グランマ号でのキューバ上陸作戦に参加した八二人のうち、生き残ってこの劇的な革命成功の歓喜の瞬間に立ち会うことができたのは、わずか一二人であり、七〇人のゲリラ戦士がすでにこの世を去っていた。フィデル・カストロ三二歳、チェ・ゲバラ三〇歳の時であった。

アメリカのホテル王コンラッド・ヒルトンが前年に開業したばかりの資本主義の牙城ハバナ・ヒルトン・ホテルに入ったカストロは、ホテル最上階に執務室と自宅を構えた。ヒルトンの二番目の妻は女優ザ・ザ・ガボールで、そのガボールを愛人にしたのが、カストロの宿敵ドミニカ共和国独裁者の息子トルヒーヨ・ジュニアであり、ヒルトン・ジュニアはハリウッド一の大女優エリザベス・テイラーの最初の結婚相手だったから、カストロはホテルに入ってアメリカ帝国の象徴を乗っ取ったわけである。チェ・ゲバラは海岸近くの家に住み、のちにヒルトン・ホテルは「自由ハバナ」と改称された。

カストロの肩書はこの時、大統領警護部隊の代表で、陸・海・空軍の最高司令官でありながら、事実上〝影の大統領〟であり、穏健なウルティア大統領に対して、ハバナ弁護士協会の会長ホセ・ミロ・カルドーナを首相として組閣させた。新内閣の閣僚ポストを占めたのは〝七月二六日運動〟に近いメンバーだったが、ほとんどの閣僚はシエラ・マエストラ山中でゲリラ戦を闘った人間ではなく、カストロがこの時点でアメリカに内政干渉させずに政策を進める上で戦略上必要とした人材、時には親米的で反共的な富裕層の人間であり、バティスタ独裁を嫌った比較的温和な自由主義者で、反帝国主義の民族主義者たちであった。ロシア革命でいえば、二月革命後に成立したメンシェヴィキ政権のようなセミ・ブルジョワ内閣であり、十月革命で生まれたレーニンの社会主義ボリシェヴィキ政権ではなかった。これが、「革命政府の中には共産主義者が一人もいない」という記事を〝ニューヨーク・タイムズ〟のマシューズ記者が書く根拠となった。

家臣のごときそれら大統領と閣僚を完全に従えたカストロは、ただちに新たな法の秩序を国内に実施しはじめ、精力的な活動を展開して、あらゆる業務に忙殺されていった。革命政権がまずしなければならなかった政務は、新たに発足するキューバ政府内部から、腐敗したバティスタの残党を完全に排除することであり、キューバ国内を汚しているゴミを箒《ほうき》で一掃するため、バティスタ時代に汚職に関わった役人たちの銀行口座を封鎖し、過去数年にわたる不法選挙で選ばれた議員を解任して議会を解散させ、ウルティア大統領に一時的に「政党の結成を禁止する」よう命じた。「ラテンアメリカでは投票箱によって改革をなし遂げることが不可能だ」という彼の信念がそうさせたのである。しかしながらカストロは、一党独裁ではないということを国際社会に示す必要があり、ゲバラと共に役者を演じ続け、報道機関に対して「自分は共産主義者ではない」とたびたび公言し、複数政党制度による選挙を公約した。

これは内心を表に出さないカストロの政治的な戦略であった。裏では、これまで互いに批判し合ってきた共産党のメンバーと絶えず接触しながら、彼らの左翼主義的な組織力を活用して、自分の願う公平な社会主義的国家を実現する目的を果たそうという巧妙な作戦が進められた。カストロが自ら組織した〝七月二六日運動〟は、革命成就に最大の役割を果たしたが、この組織は自由主義者を含む多様な人間の集まりで、確固たる思想がないので、これから手がけようとしていた社会主義の実現には適していないことをカストロは知っていた。そこで、よく訓練され、組織力のある共産党を頼ることにしたが、カストロ自身はキューバ共産党という組織に組みこまれるつもりはなかったので、あくまでカストロ式革命に従うという条件を呑ませた上での共産党利用だったのである。事実、キューバ革命は、共産主義の王者・ソ連の力を一切借りずになし遂げられた〝民衆ゲリラ革命〟であった。

一方、バティスタの残党を完全に始末するため、新しい裁判官を任命した。それは軍事法廷を開いて、バティスタ政権時代の犯罪者を法廷に立たせるためであった。この人間たちに温情をかけて赦免すれば、アメリカが再びＣＩＡ部隊を通じて反革命組織をつくりだし、彼らがトロイの木馬となって革命政府打倒に動きはじめることは百パーセント確実だったので、ゲバラが主導して、過去に無実の国民に対して拷問や処刑を実行した犯罪者をあぶりだし、およそ五五〇人の犯罪者を処刑した。ラウル・カストロもバティスタ軍の七〇人以上を処刑した。カストロはアメリカ政府を挑発するため、この死刑執行を公開で実施させたので、その映像が放映されると、アメリカの報道界から不公平な裁判による一方的な断罪であると激烈な批判が浴びせられた。

しかしこれまでアメリカ人は、バティスタ政権が何千人もの反政府活動家を拷問し、裁判なしで殺し続けたことをひと言も批判せず、抗議さえしなかったのだから、文句をつける筋合いのことではなかった。今やキューバの新聞が、バティスタがおこなった残虐な拷問と処刑について数々の事実を暴き立て、それを支援したのがアメリカの軍事使節団であったことが報道されると、キューバ人の激しい怒りの矛先は、アメリカ政府とキューバ駐在アメリカ大使に向けられた。しかしカストロは、国民に対して、個人的報復の裁判やリンチを絶対にしないよう求め、犯罪者の処罰は国家が実行することを約束した。外国に対しては、「バティスタ時代の犠牲者の怒りによる個人的報復を避ける唯一の方法が、国家による処刑である」と説明して、一蹴した。

さらにこの国際論争を解決するためカストロは、一月二二日にハバナで大集会を開催し、「犯罪人の処刑に賛成する人は挙手してください」と尋ね、大群衆の全員が手を挙げる姿を外国人記者に見せて驚かせ、「百万のキューバ人が処刑に賛成しているではないか」と強く反論した。革命政府は二月六日にキューバ新憲法案を承認して翌七日に公布し、「われわれは無実の人間や政治的見解で対立する人間を誰一人として処刑していない。われわれが処刑したのは、殺人者であり、これまでの法ではなく、革命政府の新憲法である道徳的な〝革命法〟の裁きに基づいておこなった結果である」として動じなかった。バティスタによって不法に虐殺されてきたキューバ国民もまた、カストロの道徳的正義を強く支持したので、カストロと国民の反米結束力はこの事件によって一層強くなった。

ロシア十月革命成功後にレーニンがおこなったような、秘密警察を使っての大量虐殺という暴力的不法手段は、事実、カストロ政府は一切とらなかったし、「血の粛清」をしたことは一度もない。犯罪者の逮捕と処刑を担当したゲバラは、この日まで連日、命懸けのゲリラ戦を生き抜いてきたので、至る所に気を配って、きわめて用心深くなっており、正義を貫くために必要な処刑は、迷わず断行した。その結果、キューバ革命後の社会秩序は驚くほど平穏に守られたのである。

このように表面に見える政策の裏では、ゲバラの発案で一九五九年内に諜報局G2（ヘ・ドス）を設立して、反革命の危険分子を絶えず監視する対策をとることを忘れなかった。また、ドミニカ共和国やアメリカからの侵攻に対しては丸腰同然なので、急いで外国からの大量の武器の調達を怠りなく進めた。ゲバラは犯罪者の処刑場となったハバナのラ・カバーニャ要塞に軍人の養成学校をつくり、警察学校と農民の民兵部隊を発足させながら、その警察と軍隊が人民弾圧政府の手足になるのではなく、これら兵士が国民のために正しい行動をとれるよう、教養を高めることにつとめた。革命を果たしたゲリラ部隊のなかで、数少ない大学卒業者の指揮官としてフィデル・カストロとエルネスト・チェ・ゲバラが果たさなければならなかった革命後の役割は、すべてのキューバ人に読み書きをマスターさせて、少なくともラテンアメリカの苦難の歴史を知っておく最低限の教養を身につけさせることであった。その素地の上に、少しずつ社会主義思想を広めてゆく秘策をとっていった。

カストロとゲバラは二年間のゲリラ戦の体験を通じて何事も裏の裏まで考えるようになり、予測されるアメリカからの内政干渉を考えれば、いまだに危急存亡の危機が続くキューバでは、政治と作戦を遂行する頭脳の「知性・知恵」だけでなく、絶えず戦闘に備える隙のない「戦力」と、危機に臨んで迅速果敢な判断に基づく「行動力」、このいずれも必須であることを知りつくしていた。もしこのように周囲の物音に耳をすます二人の用心深さがなければ、事実キューバ革命政府は二年も続かなかったことが、のちに実証される。キューバ革命二ヶ月後の一九五九年三月一〇日にワシントンの国家安全保障会議（NSC）で、早くもカストロ暗殺計画が議題にされ、二年後にはCIAがキューバ侵攻作戦を実行するからである（一四八頁「ケネディー政権の誕生とピッグス湾侵攻作戦」および一五八頁「カストロ暗殺計画〝マングース作戦〟」の項に後述する）。

革命を達成したメンバーは、山中のゲリラ戦のなかでバティスタ軍のスパイを摘発することに何度か成功していたが、国際的な諜報組織についてプロフェッショナルな知識を持つ人間は一人もいなかった。そのためラウル・カストロが諜報局G2の情報・公安ネットワークをつくりあげると、G2局長のポストに就いたラミーロ・バルデスの役割は重大なものとなった。カストロがメキシコに亡命した時代にカストロと共に逮捕された同志バルデスは、その後、グランマ号上陸作戦に参加してシエラ・マエストラ山中に逃げこんで以来、ゲバラと共に生き残って最初から最後までゲリラ戦を展開してきた男であった。

彼は、世界の諜報界でCIAとしのぎを削るソ連のKGB（国家保安委員会）が、メキシコからラテンアメリカ全体にスパイ組織をつくりあげていることを聞き知ったので、メキシコ市に足を運んでソ連大使館を訪れ、KGBに指導を頼んだのである。

このことは、キューバ政府を守る上で正しくもあり、また危険な賭けでもあった。なぜならメキシコ市にあるキューバ大使館の武官がアメリカに亡命すると、「ソ連大使館がキューバ側について活動を開始した」とアメリカ政府に伝えたからである。ＣＩＡが真剣にキューバ対策を考えはじめたのはこの時期であった。

ハバナの歓楽街〝虚栄の市〟を閉鎖して、マフィアのランスキーを追放した

一七世紀イギリスの宗教作家ジョン・バニヤンが獄中で書いた『天路歴程』には、あらゆる商品が売られる市場が描かれた。そこでは、色欲も、血も、宝石も、名誉でさえも買うことができた。殺人や姦通をただで見ることもできる。バニヤンは、それを「虚栄の市（ヴァニティー・フェア）」と呼んだが、バティスタ時代のハバナの歓楽街は、売春宿が三〇〇軒あって、売春バーが七〇〇軒あり、富裕層がその周辺のカジノに入り浸る世界であり、そこからの上りをユダヤ人マフィアのマイヤー・ランスキーが取り仕切って莫大な富を得る文字通りの虚栄の市であった。キューバ革命で誕生したホセ・ミロ・カルドーナ内閣が、ギャング団の用心棒に守られるそのカジノや売春宿を次々に閉鎖したのである。そのためハバナのマフィアが受けた損害は莫大な金額に達した。一体、何が起こったのだろうか。

映画『ゴッドファーザー　ＰＡＲＴⅡ』に描かれたユダヤ人マフィアのハイマン・ロスは、実在のマフィア、マイヤー・ランスキーをモデルにしていたのである。ランスキーはスイスに

銀行口座を開き、ジャズ発祥の地ニューオルリーンズで賭博を開帳し、それをマネーロンダリングに利用してきた男である。当然、そのニューオルリーンズに本社を構えてユナイテッド・フルーツ社を支配した同じ〝ロシア移民のユダヤ人〟サミュエル・ゼマレイとの強い結びつきがあって、このキューバ経済に大きな影響力を持っていたので、くわしく説明しよう。

アメリカの有名デパート「ギンベル」の創業者一族にルイス・ギンベル・ジュニアという男がいた。この男が、貧困国を支配する世界銀行総裁で〝ワシントン・ポスト〟社主のユダヤ人ユージン・マイヤーとその娘キャサリン・グラハムの一族であり、そのギンベルの雇っていた秘書がランスキーの第二夫人となったセルマ・シーアという女性であった。彼女は一九四八年にロシアからのユダヤ人移民の子マイヤー・ランスキーと結婚した。全米のマフィア組織を支配する〝マフィアの中のマフィア〟が、このロシア移民ランスキーであった。

一九九一年にアメリカで出版された『小さな男――マイヤー・ランスキーとそのギャング生活』（"Little Man"――by Robert Lacey. Little, Brown & Co.――未邦訳）は、的確にランスキー一派のおそろしさを描いた書である。『ゴッドファーザー』のヒットによって、世界中は「マフィア＝イタリア人」という固定観念を持たされてきたが、マフィアとはギャングの代名詞であり、ギャングがイタリア人に限らないことは本場アメリカでも同じである。

マフィアをイタリア人と決めつける観念は、一九二〇年代の〝ローリング・トウェンティーズ〟と呼ばれた禁酒法とシカゴ・ギャングの時代を舞台として、金と女と暴力を描けばもうかったハリウッド映画の所産であり、これは事実にほど遠い。勿論、イタリア系マフィアが存在しなかったということではない。アル・カポネや、キューバに進出したラッキー・ルチアーノたちのイタリア移民がつくりあげた最も強大で暴力的な組織を支配し、最後にその組織を金融界から動かすようになった男、ユダヤ人ランスキーについて語ることをハリウッドが禁じたのである。また全米の実業界とジャーナリズムが、ユダヤ系マフィアをタブーとして封印したのだ。

ほぼ半世紀、四八年間にわたってFBI（連邦捜査局）長官として君臨したエドガー・フーヴァーはホモセクシャルだったと言われるが、それを種にFBIさえ脅迫したのが、ランスキーだったのである。加えて、ランスキーのユダヤ人ファミリーは酒造業者だったのだから、アメリカ禁酒法時代にマフィアと酒造業者が手を組んで莫大な利益を上げた歴史から考えて、そこに実在のマフィア、ランスキーが関与していないはずはなかった。

ランスキーは白ロシア（現ベラルーシ）のグロズノに生を受けたユダヤ人で、アメリカに渡ってから売春と麻薬と密造酒によってギャングの頭目に成り上がっていった。正確な生年は不詳だが、一応一九〇二年生まれと登録され、ロシア名のスチョウリャンスキーをアメリカ式に短くしてランスキーと名乗るようになった。現在判明している限り、若い頃までの犯罪歴はカポネたちと同じで、ギャング同士の血で血を洗う殺し合いやギャンブルにも精を出したが、やがて彼は「顔のない」ホワイトカラー・ギャングへと変容していった。

彼のユダヤ系ギャング組織は、「殺人会社（Murder Inc.）」の名で知られ、およそ八〇〇件を超える殺人契約がこの組織の手で実行されたとされているから、カポネの比ではない殺人者ユダヤ人マフィアのランスキーが活動していたのである。ランスキーは仲間の「バグジー」ことベンジャミン・シーゲルがネバダ州ラスベガスに賭博場を開拓してゆく時に協力しながら、そのバグジーさえも自分の手でこの世から消してしまったのである。さらに南部フロリダ州マイアミの富豪の街からカリブ海のバハマ諸島へ進出してゆくと、一帯の政府高官を賄賂で買収してゆき、そこに全米の無法者がかせいだ金を綺麗に洗い直すマネーロンダリングのメカニズムを生み出した。

そしてランスキーは、ユナイテッド・フルーツ社との深い関係から、キューバの独裁者バティスタと同盟関係を結ぶことによって、タックスヘイヴンと呼ばれる脱税組織をつくりあげることに成功した。彼に言わせれば、「マフィアどもは頭が悪くて、金をかせぐことしかできねえ。財産をつくったらそれを守って、何倍にも増やすことを考えなきゃいけねえ。実業家はみなそうしてるじゃねえか」。こうしてランスキーの殺人組織は、マフィアの金融組織へと成長してゆき、あらゆる悪人が金を預託する地下マーケットをつくりあげた。この手法を真似て

『ゴッドファーザー　PARTⅡ』でマイケル・コルレオーネに扮したアル・パチーノが演じることになる。同時にハリウッドからラスベガスに通ずる西部の金脈もランスキーの手のなかにあった。ハリウッド映画の大スターたちの多くもその仲間としてよく知られていた。

このランスキーの使用人の一人が、かつてルーベンスタインと名乗っていたユダヤ人ジャック・ルビーであった。ルビーはカストロによる革命が起こる前のキューバで、カジノでかせぐチンピラと思われていたが、後年その名を全世界が知るところとなった。JFKことジョン・F・ケネディー大統領の暗殺犯とされたリー・ハーヴェイ・オズワルドを、大勢の人間が見ている前で射殺したのがこの男、ジャック・ルビーであった。一九五〇年代にマフィアの仕事でキューバへ行き、銃や金の運び屋をしながら、バティスタ政権と組んで銃器をキューバに密売していたストリップ・クラブのオーナーとして、そのいかがわしさはケネディー暗殺事件をめぐる謎の最大の鍵であるはずだ。しかし映画『JFK』（一九九一年）の公開とともに真犯人は誰かと大騒ぎしながら、不思議なことに、ジャック・ルビーに対するまともな事実追及をアメリカのジャーナリズムがおこなったことは一度もない。

大統領暗殺犯とされたオズワルドがルビーに射殺された時の状況は、こいつを殺してくれと言わんばかりに隙だらけの警護であり、考えられないほどいい加減であった。ほとんどのアメリカ人が信じていない〝オズワルドの単独犯行による暗殺〟だと決めつけた「ケネディー大統領暗殺事件調査委員会（ウォーレン委員会）」の中に、キューバ侵攻事件を計画し、ケネディー大統領に更迭された元CIA長官アレン・ダレスが入っていたのである。

つまりオズワルドを殺してしまえば、事件の裏側にいる真犯人を永遠に抹消できるのだから、オズワルド警護グループの内部に、ケネディー暗殺の主犯グループがいることは、誰の目にも明らかである。オズワルドを射殺したジャック・ルビーを雇っていたのがマイヤー・ランスキーであり、キューバの巨大な利権を握るマフィアばかりでなく、CIAや反カストロ派のキューバ人亡命者グループたちと深い関係にあったのだから、大統領暗殺の最大の黒幕に挙げられるべき人間は、ほかでもないマフィアの頭目ランスキーであった。

ケネディー大統領暗殺の動機となった要因はいくつも挙げられているが、一九二七年にカナダ国境で起こった次の事件は、最も可能性の高い個人的な復讐の動機としてアメリカで指摘されている。それが禁酒法の時代だったので、事件の背景を説明する。

一九二七年の正確な日付は記されていないが、禁酒法時代のある日、トラックの一団がアイルランドから運ばれてきた酒を積んで、カナダからアメリカに入ってきた。ところがその時、ボストン郊外で何者かが待ち伏せしてトラックに襲いかかったため、犯罪者同士の銃撃戦となり、一一人以上が死亡する凄惨な結果を招いた。当時アメリカでは、酒を港から直接密輸すると目立ちやすいので、大西洋を越えてヨーロッパからウィスキーが運ばれると、主にカナダに陸揚げされたのである。その胴元となったのは、酒造業者として世界一、アイルランド・ダブリンに発したギネスなどのような、誰もが知る著名なメーカーであった。これを、カナダ南部のモントリオールを中心に活動する酒造業者が引き受けて、トラックで警備の手薄なアメリカ国境を越え、最北部の大都市ボストンなどへ秘かに運びこむルートが、最高の収益をあげることができた。彼らを取締りで摘発することができたのは、密輸入されるウィスキーのわずか五%にしか達しなかった。九五%が国境越えに成功して、マフィアの巨大な財源となったのである。

ショーン・コネリーとケヴィン・コスナーが主演した映画『アンタッチャブル』（一九八七年）で、カナダ国境越えの銃撃戦を展開するシーンに登場したのは、一方が密輸団のギャング、一方がカナダ警察とアメリカＦＢＩであり、映画では密輸団が捕まったが、一九二七年に実際にあったカナダ国境銃撃戦事件では、一方が酒の密輸入業者で、一方が酒を強奪しようとしたギャングだったのである。名前を具体的に記せば、襲ったギャング団はマイヤー・ランスキーの組織であり、密輸入した業者はジョゼフ・パトリック・ケネディーのファミリーであった。後年の大統領ＪＦＫの父親である。アイルランド移民一族のジョゼフ・ケネディーは、先代から受け継いだボストンの酒造業によって、この禁酒法の時代に莫大な富を築いた。

ところがランスキーは、そのアイリッシュ・ウィスキーの密輸業者がケネディーだということとを知らなかった。ケネディー家などはまだ、誰もその名を知らないチンピラにすぎなかったからである。ランスキーも同じく二〇代の若僧だった。しかし一九六〇年代に入って、三〇年以上前のその事件がケネディー一家との銃撃戦だったことを、ランスキーは知ることになった。この時には一方がホワイトハウスの大統領なら、一方は暗黒街の大統領になっていたのだ。

ケネディー大統領のもとで司法長官に就任した弟ロバート・ケネディーは、それまでFBI長官フーヴァーのもとで巧みに育てられてきた犯罪組織に、不敵な挑戦を開始し、大掛りな摘発に乗り出した。それは一九二七年に大量の死者を出した銃撃戦の「借りを返す」ものだったという。ケネディー大統領が一九六三年に、続いて弟ロバートが五年後の一九六八年にいずれも暗殺された現在、ロバート本人の胸中に何があったかを知る術はない。しかしロバートがランスキーの犯罪組織摘発に乗り出したのは事実であり、以上のような史実があったこともはっきりしている。

本来なら深く調査され、分析され、議論され、そのうえで結論を下すべきだと誰もが考える。では、誰がその調査をするべきかとなれば、手を挙げる者はいない。ランスキーは一九八三年にこの世を去ったが、殺人シンジケートは今日も生きているからだ。ニューオルリーンズを本拠地としたロスチャイルド財閥の投資銀行ラザール・フレールから台頭して、ラテンアメリカなどの貧困国に融資する初代世界銀行の総裁に成り上がったユダヤ人ユージン・マイヤーもまた酒造業者の一族であり、その一派がランスキーであったのだ。

もう一つ、ランスキーはギャングのほかに〝赤狩り〟におけるハンターの顔を持っていた。共産党嫌いのランスキーは、一九四〇年代から一九五〇年代にかけてハリウッドを中心に吹き荒れた赤狩り旋風とマッカーシズムで、重要な役割を果たしてきた男であった。つまり、自分の仲間のバティスタをキューバ革命で追放したフィデル・カストロと深い対立関係にあった男なのである。ケネディー大統領暗殺に関する未公開資料は、二〇一七年一〇月二六日に全面的に公開されることが法で定められたが、CIAやFBIなど国家組織に都合の悪い事実が含まれていれば、大統領には未公開にする権限が与えられていた。そうなると、トランプ大統領とFBIが激しく対立する渦中で、果たしてどちらに転ぶか、予断を許さず、トランプを追いつめようとしてきたFBI幹部の魂胆が、そもそも未公開資料の公開をめぐる駆け引きだった可能性もあった。

ところが、公開されたものは主にCIAとFBIの資料だったので、そもそも暗殺事件当時に事件の真相を隠そうとした彼らが事実の痕跡を残すはずがなく、当然のことながら、何も目新しい事実は出なかった。いまだに未公開ファイルが残っているため、疑惑は深まるばかりである。

さて、こうしてハバナに〝ランスキー帝国〟を築いていたカジノや売春宿、ナイトクラブを、カルドーナ首相の革命内閣が閉鎖したため、ウェイターから売春婦に至るまで一挙に何千人もの失業者を生み出すことになったのである。その結果、カストロに抗議の声が殺到して内政が混乱をきわめたため、カストロは職場を閉鎖する前に、失業する人間たちが別の仕事に就けるよう就職訓練をおこなうべきだと命じた。そして大混乱を収拾するには、影の大統領のままでは能率が悪いため、革命成功の翌月、一九五九年二月一三日にカルドーナ首相に辞表を提出させて、二六日にカストロ自身が首相に就任すると、ウルティア大統領には口を出させずカストロが閣議を主導するようになった。一方、彼と決裂したカルドーナはアメリカに亡命して反カストロ運動に加わった。

第三章　社会改革と忍び寄るアメリカの脅威

カストロ政府が農地改革に着手した

カストロにとってキューバの貧困層を救済することが最大の課題だったので、キューバ経済の資金を得るため、革命成功直後の一九五九年一月末に南米の石油王国ベネズエラを訪問した。臨時大統領だったララサーバル提督が、一九五八年にカストロ・ゲバラの反乱軍に対して武器を送って支援し、キューバ革命成功後のカストロに経済的援助を惜しまなかったからである。ベネズエラの大群衆から歓呼を受けたカストロは、反乱軍に武器を送って革命成功を助けてくれたことに感謝を述べ、同時に次期大統領ロムロ・ベタンクールに対して三億ドルの借款を求めた。

この行動は正しかった。その資金さえあれば、アメリカ政府に対して、喉から手が出るほどほしい経済援助を求めずにすむからである。それは、アメリカからダム建設の融資を取りつけようとしたエジプトのナセル大統領がダレス国務長官に翻弄され、苦しめられた経過を見ていたからであり、カストロはアメリカに経済を握られて政治に介入されることを完全に拒否した。なすべきキューバの経済改革のために、絶対にキューバの財布をアメリカ政府に渡そうとしなかった。

続いて四月に、アメリカ新聞編集者協会に新首相として招かれたカストロは、国際社会に革命政権を宣伝する絶好の機会だと読んで、左翼主義者を含まない大代表団を引き連れてアメリカを訪れ、どこでも「悪辣《あくらつ》な独裁者を倒した英雄」として大歓迎を受けた。アメリカ・ニューヨーク州で最初のニューポート・フォーク・フェスティバルが開催されたのは、この一九五九年のキューバ革命成功後の七月であり、この音楽祭から反政府活動の声をあげる歌手ジョーン・バエズやボブ・ディランたちが数々誕生するようになったのだから、多くのアメリカ国民はカストロの味方であった。

ところが渡米した時、カストロが会見しなければならなかったのは、赤狩りとバティスタ支援者として悪名高いニクソン副大統領であり、ニクソンが露骨に共産主義批判の論争をしかけてくるので、この不作法な相手を煙に巻いて帰国した。カストロは人情の機微を知る人間だったので、一方でアメリカ国民の好意に接しながら、他方で非情なアメリカ政府という性格の異なるものを見て、対決すべきアメリカ政府との戦いに備えるべく、新たな決意を胸に秘めて帰国したはずであった。

若い時代から彼の頭の中にあって、公にも政策として掲げてきたのは、貧困層に土地を与えて、国民自らの労働意欲によってキューバの経済構造を一新することであった。そこで一九五九年六月三日に一連の〝農地改革法〟を公布して、国民に対する最大の公約である農地解放を実施しはじめたのである。敗戦後の日本でおこなわれた農地改革と同様に、封建的な大地主および外国企業から土地を取り上げて、国民の誰もが公平に土地を持てるようにする革命の目玉政策だったので、この政策を統括する政府機関として全国農業改革局を設立し、その総裁をカストロ首相本人が兼務して全権力を掌握した。この農業改革局が、政策を進める事実上の内閣であり、これまで貧困のまま打ち捨てられていた農村のために住宅を建設し、電化と教育、医療まで一切を受け持った。

カストロ政権はまた、砂糖よりも日常の食料になる農作物の生産にも力を入れはじめ、農業改革局の傘下に農業協同組合を設けて、農業社会全体を管理する体制を整えた。この農地改革は、ハバナのような富裕な都市部に集中していた特権を農村地帯に移譲する政策であり、同時にキューバの大土地所有者であるアメリカに対する最初の挑戦状でもあり、カストロがワシントンにその正体を見せた瞬間であった。

砂糖産業を支配していたユナイテッド・フルーツ社をはじめとするアメリカなど外国の独占資本が、キューバ国内で最良の土地を広大に、しかもタダ同然の値段で買い上げて占有し、鉄道も鉱山も、あらゆる重要な産業を支配していた。またバティスタ政権下で不正に取得された広大な土地があった。この農業改革法の第一次政策のもとで、当然のことながら、これら農地の所有面積を制限し、強制的に接収して国有化し、補償金として旧地主に国債を給付して文句を言わせなかった。この補償金は、それまで地主たちが土地を獲得する時にひどく安い地価を勝手に決めていた額を基準にして支払ったので、地主たちは自業自得で、大損をしても文句を言えず、政府の支出は大幅におさえることができた。カストロは地主階級を壊滅させようと決意していたので、それらの土地は、二〇万人の小作人に一農家あたり二六ヘクタール（ほぼ八万坪）の農地を分配することによって、キューバの大地主制度は完全に崩壊した。父から農地を受け継いでいたフィデルの兄ラモン・カストロさえも大打撃を受けた。この政策は同時に、広大な土地を所有していたアメリカおよび多国籍企業の資本家と、キューバ政府との完全な断絶を意味した。一〇月一六日からキューバの正規軍「革命軍」を率いる軍事大臣として兵力を握ったフィデルの弟ラウル・カストロが、こうした一連の改革を実施するために軍隊を駆使し、一方、一一月からキューバ国立銀行総裁に就任したチェ・ゲバラが資金面を担当して、カストロ式社会主義国の建設を強力に推進していった。カストロに反対する閣僚は罷免されてゆき、革命家が内閣を固めた。

チェ・ゲバラに与えられた役割

一方、この革命成功初期の二月七日にキューバ国籍を与えられたチェ・ゲバラは、カストロから静養を求められたので、その時間を使って革命の記録を執筆しはじめ、『ゲリラ戦争』と題した彼の著書が翌年一九六〇年四月にキューバ新政府の手で発刊され、ラテンアメリカ諸国ばかりでなく、全世界のその後の民族蜂起および左翼運動の手引き書となり、〝聖典〟として今日まで読み継がれるようになった。

さらに、一九五九年六月から九月まで三ヶ月間にわたって、カストロの外交使節、事実上のキューバ外務大臣として国外に派遣されたゲバラは、エジプト、インド、ビルマ（現ミャンマー）、タイ、香港、日本、インドネシア、シンガポール、セイロン（現スリランカ）、パキスタン、ユーゴスラビア、スーダン、イタリア、スペイン、モロッコを駆けめぐって帰国し、この外遊の見聞を通じて、小国キューバが大国の経済植民地にならないようにするにはどうすればよいかを考え続けた。特に日本製のニコン・カメラを愛用したゲバラは、経済復興中の日本を訪れると、トヨタ自動車、航空機メーカーの新三菱重工業、農業機械メーカーの久保田鉄工、トランジスターを生産するソニー、造船の川崎重工業などを視察し、この時に日本製品の精度の高さを再認識した。一〇月七日に農業改革局でカストロ総裁のもとで工業化部長に就いた彼は、日本の高い技術力をキューバの工業化実現に利用しようと考え、翌年に日本と通商協定を結ぶことになる。

続いて彼は一一月二六日に国立銀行（中央銀行）総裁に就任して国家予算全体の統括を任されると、アメリカの銀行に預けていた預金をスイスとカナダの銀行に移しかえて、アメリカ政府と対決する日に備えて足固めをした。この時にはすでに、農地改革によってアメリカ政府との対立が表面化していたので、アメリカ国内にあるキューバ資産の接収が目前に迫っていたからである。最も先鋭な左翼主義者と見られたゲバラの国立銀行総裁就任は、銀行で取付け騒ぎが起こるほど、金融界にパニックを引き起こした。一年余り国立銀行総裁をつとめた一九六一年二月二三日に、ゲバラは総裁を辞して工業大臣に転任し、キューバ経済が砂糖キビ農業だけに頼らないよう、工業化を指導する役割を担うことになる。

カストロ政府の社会改革と外交政策の全貌

こうしてスタートしたカストロの社会改革の全貌とその成果を、まず最初に紹介しておきたい。カストロは武装蜂起から革命達成までのあいだに、国民、特に貧困層を形成していた小作農民に対して、たびたび公約してきた政策にとりかかり、一九五九年の農業改革法による農地の解放と同時に、一九五九〜一九六一年にかけて教育体制の充実を図った。革命が成功した時点で、キューバ人の四割は読み書きができなかったので、学校に一万という大量のクラスを増やして基礎教育を普及させた結果、この教育制度によって、キューバ国民のほぼ百パーセントが読み書きできるようになった。ラテンアメリカ随一と言われるまでに識字率を引き上げるという、大成果をもたらしたのである。

そして教師と専門家によって国民に与えられるサービスは、すべて無料とした。先進国では高校・大学が普及しているといっても、多くの学校が商業化されているため、家庭の貧富の差が、子供に教育の差を生み出すところが、キューバとの大きな違いだ。加えてカストロとゲバラは、その教育時間の半分を「教室の授業」にあてると共に、残り半分の時間を、キューバの生産性をあげるための実地授業にした。つまり頭だけでなく、体を動かす労働と技術修得の意味を子供と青少年層に理解させるという「体験授業」を取り入れたのである。後者はドイツのマイスター制度のような実技学習であり、キューバの工業化をめざす第一歩となった。カストロもゲバラも、率先して砂糖キビ畑での肉体労働に汗を流した。

第二に、国家を支える全国民の健康状態を改善するため、医師チェ・ゲバラは、かつて一九五一年からラテンアメリカ諸国を体験する旅を共にした親友の医師アルベルト・グラナードがベネズエラにいたので、革命成功後のキューバに呼び寄せて医療改革に取り組んだ。二人は保健・医療制度を国営にして、田舎の農村地方でも診療が受けられるよう、国内全土すみずみに保健センターを設置し、一〇年間で数万人ものファミリー・ドクターを生み出し、都市部には高度な診療施設を拡充した。その上で、医療費をゼロにして無償で診察と治療が受けられるようにした。アメリカ、ヨーロッパや日本などの先進国では優秀な医療制度があっても、それらが商業化されているため医療費は高額で、患者の預貯金や保険によって治療に差が出るが、キューバの無償医療は、すべての患者が貧富で一切差別されずに診察も治療も受けられるという医療哲学のもとで、キューバが現在まで全世界に誇る制度として続けられてきた。

特にキューバをはじめとする熱帯〜亜熱帯地方の中米は、蚊によって引き起こされる黄熱病《おうねつびょう》やマラリアなどの風土病が住民を苦しめてきたので、病気に対して子供たちを守るためのワクチン接種を制度化することによって、幼児・小児の死亡率を劇的に下げることに成功したのである。ゲリラ戦士として後世に名を残すゲバラが、実は医師であったことの意味がここにあった。

第三の社会改革は、鉄道、上下水道、住宅などのインフラ整備であった。キューバは西端から東端まで直線で結ぶと一三〇〇キロほどの島で、ちょうど日本の本州ぐらいの長さだが、その国内にほぼ一〇〇〇キロにおよぶ鉄道を半年で敷設するという大事業をなし遂げた。また首都ハバナの緯度が、沖縄本島よりはるか南で、台湾の南端ぐらいに位置する暑い気候なので、無料診療と共に、日常生活を清潔に保つという予防医学の基礎として、衛生設備を完備する必要があった。そこで、上下水道の敷設に三億ドルという大きな予算をあてて国民の健康を守るようにし、カストロ自身が巨大な湿原の沼沢地を干拓するプロジェクトに取り組んだ。

さらにカストロ政府は、低賃金の引き上げを命じ、アメリカの電話会社ＩＴＴが経営する電話の料金を引き下げさせたので、都市部でも農村でも収入が増えて支出が減り、一握りの富裕層を除いて、すべてのキューバ人の生活は向上した。同時に、毎月八〇〇〇戸以上という速いペースで、貧困層を中心に国民のための住宅を建設し続けた。そして低コスト住宅の家賃を半額にさせ、ホームレスを完全に一掃すると共に、保育園を至る所に設置して、障害者と高齢者が安心して暮らせる施設を次々に設置したので、キューバは福祉天国となった。バティスタ政権がカジノと売春街に金をつぎこんで、多くの国民生活をどん底に投げ入れてきた社会を、すっかり消し去り、巨大なワニや毒蛇が徘徊し、海には鮫が泳ぎ、ハリケーンが襲来する中米にあって、高い文化を誇る国家に育て上げたのである。

カストロに対する批判として、〝独裁者〟という言葉が聞かれたが、「悪事を根絶する目的のためであれば、時に正しい独裁は必要である」と考え、そう主張もした彼は、決して革命の当初から独裁者であることを好んだわけではなかった。内面では自分の知識と体験が限られていることを計算できる人間だったので、政府幹部には能力ある者をあて、能力が足りない者には自ら向上するよう指示した。革命成功から半年後の六月一六日に創設したキューバ国営通信社に、のちにノーベル文学賞を受賞するコロンビア人作家ガブリエル・ガルシア＝マルケスたちラテンアメリカの反骨的文学者を多数招聘して、キューバの立場を世界に伝えることにつとめたのも、カストロの性格を示す事績であり、ガルシア＝マルケスとの交流は生涯続けた。

またキューバのラジオとテレビを通じて国民との対話を忘れず、むしろカストロの方から国民に向けて絶えず演説し、「これでよいのか」と質問を投げかけ、その演出の中で国民の支持を確認し、国民の自覚を促すように努めた。こうしてカストロ政府は、幹部がめざした社会主義的な成果を革命初期に一気にあげたため、国民人口の大多数を占める労働者、農民、学生たちに愛され、カストロの独裁が効果的に作用して、衆望を一身に集める高い評価と人気を獲得したのである。

悪い意味でのカストロの独裁が目立ってくるのは、いくつもの失政が重なって、キューバが経済的に追いつめられてからのことであった。しかしその根本的な原因をつきつめると、キューバ政府ではなく、アメリカ政府が社会主義を嫌悪してカストロを追いつめた制裁措置に最大の責任があった。

反カストロ派が妨害をはじめ、新大統領ドルティコスが就任した

この間、キューバ革命政府にとって目の上のタンコブだったジョン・フォスター・ダレス国務長官が一九五九年四月一五日に病気辞任し、五月二四日に死亡した。ユナイテッド・フルーツ社重役のダレスがロックフェラー財団理事長だったなら、後任の国務長官クリスチャン・ハーターも、石油王ジョン・D・ロックフェラーがスタンダード石油を創業した時代からロックフェラー財閥の最高幹部だった大富豪チャールズ・プラット家の女婿《むすめむこ》であり、このハーターが、従兄弟の反共主義者ポール・ニッツと共同作業をおこなってきたのだ。

ニッツは、戦時中に日本への本土大空襲と広島・長崎への原爆投下を主導し、戦後はこのあ

とのケネディー政権時代に国防長官補佐官として、一九六二年のキューバ危機でソ連との核戦争も辞さない強硬論を吐いて地球を破滅の淵まで連れこみ、ベトナム戦争時代には国防副長官として冷戦を煽《あお》り続けた男であった。ジョン・フォスター・ダレスが死んでも、アメリカ政府の政策に変りはなかったのである。

この頃からキューバ国内では、中庸なウルティア大統領が、政府内での共産主義者の台頭に苦言を呈し、公式の演説で共産党攻撃を展開しはじめたので、カストロが「ウルティアは反共主義の熱病に取り憑《つ》かれてしまい、社会制度の改善に関心を失っている」と怒って、首相を辞任すると声明した。すると、驚いたカストロ支持者が続々と集まって大統領府を取り囲み、ウルティアの大統領辞任を要求したので、おそれをなしたウルティアが国外に亡命した。そしてカストロの演説がおこなわれる大集会に、何と五〇万人を超える国民が結集して首相辞任の撤回を求めると、カストロは首相の地位に復帰することに同意し、一九五九年七月一八日に完全なマルクス主義者のオスバルド・ドルティコスが代って大統領に就任した。こうして見事なドラマを演出してカストロ支持を全土に見せつけ、革命後に発足した擬似ブルジョワ政府が、完全な社会主義政府に刷新されたのである。

フィデル・カストロが一九二六年生まれ、一九五〇年にハバナ大学を卒業して弁護士になったのに対して、新大統領ドルティコスは、彼より七歳年上で、一九一九年に弁護士で医師でもある有数の富豪の息子として裕福な家庭に生まれ、ハバナ大学で法学と哲学を学び、一九四一年に法律の学位を得て卒業した。したがって、カストロと似たようなコースを歩んだが、大学卒業後のドルティコスは、のちに誕生するキューバ共産党の前身である人民社会党に入党し、党の指導者の秘書をつとめてきたので、カストロよりはるかに左翼的な理論家であった。

カストロが一九五三年にモンカダ兵営を襲撃した時代に、ドルティコスは弁護士として活動しながら、やはりバティスタ政権の独裁に強く反対し、その後、カストロの〝七月二六日運動〟部隊と裏で手を組んで、市民の抵抗運動を組織しながら反乱ゲリラ軍に武器と物資を供給してきた。キューバ革命前年の一九五八年にドルティコスはキューバ弁護士会の会長に選ばれたが、バティスタ政権に逮捕されたあとメキシコに亡命していたので、一九五九年一月にキューバ革命が成功すると、ドルティコスはただちにキューバに帰国した。二月七日にカストロ政権が公布する新憲法「革命基本法」の担当大臣に抜擢された彼は、弁護士経験豊かな司法能力を存分に発揮し、土地改革法や一九四〇年憲法に代る基本組織法など、革命政策の実行に必要な数々の法律を起草して、カストロ政策を支える重要な役割を演じてきた。そしてウルティア大統領が辞任したので、一九五九年七月にキューバ閣僚評議会によって大統領に任命されたのである。

のち、一九七六年にキューバ新憲法が施行されて、大統領に代る国家元首として国家評議会議長ポストがもうけられ、フィデル・カストロがそのポストに就任する時まで、ドルティコスは一七年間の激動期に大統領をつとめ、その年に退任して国立銀行総裁・国家評議会議員となる。

ところが一方、このようにして実施された、良識に富むすぐれた当然の社会改革を望まず、「キューバ政府は慈善家であってはならない」と叫んで、黒人と貧困者の救済を望まない人間たちも、まだまだキューバ国内に多数いたのである。それは主に、土地を取り上げられた地主たちと、これまで独裁政権のもとで甘い汁を吸ってきた中産階級以上の利己的な人間たちであり、その中には医師やエンジニアなど、高度な専門職に就いていたアメリカ至上主義のキューバ国民が含まれていた。バティスタ時代にはキューバがカリブ海随一の富裕国だっただけに、カストロ兄弟とゲバラが急速に共産主義化したと感じ、自由が抑圧されることに敏感な人たちも、革命政府を批判しはじめ、彼ら数千人が「社会主義に沈没する船キューバ」を見捨てて、アメリカのフロリダに逃げ出していったのである。

カストロは「逃げるものは追わず」という姿勢で、社会主義がいやなら勝手にキューバから出て行けばよいと思っていたが、海外亡命者には〝良識を持たない人種差別主義者で、かつ高慢な、知識人層と技術者〟がかなり含まれていたので、この頭脳流出は徐々に政府にとって痛手となって響くことになる。革命成功から二年間で国内の生産性が落ちはじめ、キューバ最大の輸出産業である砂糖の生産量は六〇〇万トンから四八〇万トンに低下し、富裕層による資産の流出が、政府に対するかなりの打撃として襲いかかった。

カストロとゲバラは、平等社会を築く政策では完全に目的に適《かな》った成功に向けて突進し、数々の大成果を挙げたが、国家財政を一挙に向上させることは困難で、シロウトだったのでその場しのぎの手を打つことが多く、到底順調とは言えなかったのである。

メディア浄化をおこない、CIAとトルヒーヨの武力攻撃を壊滅させた

やがてそうした情勢を読むアメリカ政府の手先となって、カストロ政府に対して辛辣な批判をおこなうようになった保守的な報道メディアが動き出したため、政府批判記事に対して印刷労働者が決起して、かつてバティスタ派だった編集者たちをつるし上げた。革命成功一年後の一九六〇年一月にはカストロも反政府主義者を放置できず、報道統制をしなければならなくなり、いわゆる「メディア浄化」を政府が命じたのである。反政府新聞を次々に廃刊させたカストロ政府は、これら反革命派の人間を「善政を崩壊させようとする犯罪者」として何百人も逮捕し、独房に投獄し、彼らが悔悟するまで痛めつけなければならなかった。それは、革命政策の成否を反政府主義者が左右しかねなかったので、やむを得ない措置であった。まだ革命の戦闘は続いていたのだ。

なぜなら、貧困者を軽蔑するフロリダ亡命者や、悪辣《あくらつ》なＣＩＡや、独裁者バティスタの逃亡先であるドミニカ共和国の独裁者トルヒーヨから、キューバ国内の軍人に対して工作資金が送りこまれていたからである。バティスタ軍の残党である反カストロ派の軍人たちがそれを受け取っていたのだ。彼らはキューバに空路から侵攻したり、ＣＩＡの物資を空から補給され、バティスタ時代に戻そうと武装蜂起をおこない、キューバの山岳地帯に反政府ゲリラ基地をつくって、長期間にわたって反乱を続けていたのである。この暴力攻撃を静観することは、キューバ革命の死を意味するので、ドルティコス大統領もゲバラも、カストロ兄弟と共に再び彼らに戦いを挑んだ。カストロの部下がトルヒーヨの手先に扮して罠をかけ、ドミニカ共和国から大量の武器を空輸させては待ち構えて奪いとり、その輸送兵らを逮捕し、陰謀を企むグループ一〇〇〇人以上を捕らえて壊滅させたのであった。

こうした内政干渉はすべてアメリカ政府と巨大資本家の反共思想が原因であり、カストロを大歓迎したアメリカの一般国民の感情とは次元の異なるものであった。

続いてキューバ政府が一九五九年一〇月二九日に公布した新鉱業法では、アメリカ企業の利権を撤廃し、鉄鋼会社と鉱山会社の所有地をキューバ政府が接収することを定めた。こうしてカストロ政権は、敢然と立ちあがって、目の前の巨象アメリカの資本家に挑戦しはじめた。

こうした一連の政策は、カストロが「自分は共産主義者ではない」と主張しても、これまでバティスタ政権に群がって甘い蜜を吸ってきた中流以上の階層から見れば、まぎれもなく共産主義であり、アメリカ・ヨーロッパの銀行・企業・工場に雇われていたキューバ人たちや、医者をはじめとする多数の人間がアメリカに向かって亡命しはじめる動機となった。

こうして外国への亡命者が出る一方、過去にバティスタ独裁を嫌ってラテンアメリカ諸国に亡命していた政治家をはじめとするキューバ人多数が、逆にカストロを慕ってキューバ革命後にどっと帰国し、そのほかの国の左翼主義者やゲリラ志願者たちも、メキシコ市のキューバ大使館に誕生した諜報機関G2の手引きによって、カストロ政権とチェ・ゲバラのもとに駆けつけ、大量にキューバに流入したのである。このような国民の出国と入国が、打ち寄せては返す波濤《はとう》のように国内の汚れを洗い流し、悪弊を浄化しながら、国民自ら「新生キューバ」という国家をつくり上げていったのである。

ソ連が宇宙開発でアメリカを抜いて激しく対立しはじめた

これまでカストロが仮面をかぶっていたためその正体を測りかねていたアメリカ政府にとっては、キューバ政府から次々と打ち出される政策は、裏庭に恐竜ティラノザウルスが現われたような驚きであった。そのためワシントンは、ひょっとするとカストロとゲバラという二人の鬚男《ひげおとこ》が、このあとソ連と組んで、カリブ海に地獄絵が展開されるのではないか、という心中穏やかではない状況に陥った。というのもこの時代の共産主義国・ソ連は、核兵器開発でアメリカを圧倒していた。キューバ革命の一年以上前、一九五七年八月二二日に、ソ連が大陸間弾道ミサイル（ICBM）の実験に成功して、アメリカの主要都市を水爆の一撃で壊滅させる軍事力を証明しており、アメリカ人は内心でパニックに襲われていたからである。

続いて一九五七年一〇月四日には、ソ連が〝人類最初の人工衛星〟スプートニク1号の打ち上げに成功して、宇宙空間に進出した。しかし年が明けると、一九五八年一月一〇日に、アメリカが大陸間弾道ミサイル・アトラスの発射に成功し、一月三一日にはアメリカが最初の人工衛星エクスプローラー1号の打ち上げに成功して、ソ連とのミサイル・ギャップを埋め、熾烈《しれつ》な核ミサイル競争が展開された。

一九五八年三月二七日に、ソ連でブルガーニン首相が辞任し、ニキタ・フルシチョフ第一書記が首相を兼任して、名実共にソ連No.1となった。同日、ソ連最高会議が「核実験の一方的停止」を決定して、アメリカとイギリスに同様の措置を要請したが、四月八日にアメリカのアイゼンハワー大統領が拒否した。しかし八月二二日には、アメリカと、マクミラン首相のイギリス政府が、条件付きで一〇月三一日以降の核実験一年間停止を発表して歩み寄ったかと思うと、八月二七日には、ソ連がライカ犬二匹を乗せたロケットの高空打ち上げと回収に成功するなど、宇宙開発を含めた東西の原水爆と核ミサイルをめぐる覇権争いはめまぐるしく優位が変化した。

一方で、フルシチョフは内心で苦悩し続けていた。その頭痛の種は世界情勢、とりわけヨーロッパ大陸におけるソ連の威信であった。少し前の時代から述べると、キューバ革命の一〇年前、一九四九年四月四日にアメリカ、イギリス、フランス、イタリア、オランダ、カナダなどの一二ヶ国がワシントンで署名して西側資本主義諸国の軍事同盟NATO（北大西洋条約機構）を誕生させていた。この軍事同盟の立役者はトルーマン政権の国務長官ディーン・アチソンで、彼は原水爆製造の最大の利権者であるデュポン社の顧問弁護士であった。またNATOの政策については、アメリカの鉄道王アヴェレル・ハリマン、石油財閥メロン家の女婿《むすめむこ》デヴィッド・K・E・ブルース、パンアメリカン航空の創業者コーネリアス・ヴァンダービルト・ホイットニーという財閥トリオが連携しており、モルガン＝ロックフェラー連合が政界を動かしていた。それはまさしくカストロやゲバラが対決し、革命によって打ち倒そうとしてきた資本家集団であった。

東西に分裂して対立中のドイツでは、ソ連の独裁者スターリンが一九五三年三月五日に死去した三ヶ月後の六月一六日に、東ドイツの東ベルリンとソ連占領地区で労働者のデモが発生し、このデモが暴徒化して赤旗を引きずりおろし、東ドイツの秘密警察シュタージのメンバーを見つけてデモ隊が引きずりまわして殴りつける事態に発展したため、戒厳令が敷かれた。そこへソ連の戦車が出動してデモ隊を弾圧し、ようやく鎮静化したほど、東ドイツでは反ソ連感情が渦巻いていた。

しかし同年八月一二日、ソ連がシベリアで初の水爆実験に成功して、いよいよ米ソの核兵器開発が、互いに本土絶滅をちらつかせて威嚇する時代の幕を開いた。

そうした中で一九五五年五月五日に発効したパリ協定によって、ついに西ドイツが主権を回復し、五月六日に「西ドイツの再軍備」とNATOへの加盟を決定したのだから、東西ドイツ問題は一挙に軍事対立へと高まった。そこでフルシチョフがこれに対抗して共産圏内の結束を強めようと、五月一四日に、ソ連、チェコスロバキア、東ドイツ、ポーランド、ハンガリー、ルーマニア、ブルガリア、アルバニアの八ヶ国が友好相互援助条約（ワルシャワ条約）に調印してワルシャワ条約機構を創設し、NATOに対抗する共産圏の軍事同盟を誕生させ、世界的な対立をエスカレートさせた。しかしその後も毎年数万から数十万人の東ドイツ国民がベルリン経由で西ドイツに大量流出し、その総数は一七〇万人にも達していたのである。そこで一九五九年に、フルシチョフは「ベルリンの穴を埋める」と宣言して、〝ベルリンの壁〟の構築を示唆した。

米ソ対立の鍵を握ったカストロのキューバ

その一九五九年一月一日にカリブ海でキューバ革命が起こったのだ。アメリカ政府は、「アメリカの裏庭がソ連に直結したのではないか？　大陸間弾道ミサイルを持つソ連がキューバの裏にいるのではないか？」と疑心暗鬼になったが、カストロの正体を見きわめることができないまま、事態を静観することができず、口達者なフルシチョフをなだめようと動いた。七月にアメリカ政府がモスクワで初めて貿易見本市を開き、副大統領ニクソンが、アイゼンハワー大統領の代理として、〝にっくき共産主義国ソ連〟に乗りこんでいった。

モスクワを訪問したニクソンは、ハリウッドの赤狩りで悪名を轟かせてきた本性を隠して、この時は、笑顔でフルシチョフ首相とやり合った。フルシチョフが「宇宙開発ではソ連がはるかに勝っている」と言えば、ニクソンは「アメリカではカラーのビデオ撮影ができる」と、互いに優位性を誇示し、ペプシ・コーラをフルシチョフに飲ませるという珍事件をひき起こした。当時、コーラは資本主義のシンボルとしてソ連で嫌われていた。ところがペプシ・コーラ（現ペプシコ）副社長のドナルド・ケンドールとニクソンが手を組んで、モスクワの夏の暑い日に、貿易見本市の会場で、アメリカのテレビ局が撮影している目の前で、フルシチョフの喉にコーラを流しこむことに成功したのである。しかもフルシチョフは、「うまい」と言って資本主義を飲んだのだ。しかしショウマンとしては、フルシチョフのほうが一枚上手だった。

九月一二日には、ソ連が第二号宇宙ロケットを発射し、九月一四日に月面に到着する快挙を成し遂げた。その翌日九月一五日、アメリカ政府が米ソ親善を決断してフルシチョフ首相を正式に招待したため、ソ連首脳として初めてアメリカを訪問したフルシチョフは、二週間という長期にわたってアメリカを視察した。ハリウッドでフランク・シナトラとシャーリー・マックレーン主演の華麗なミュージカル映画『カンカン』（一九六〇年公開）の撮影現場をフルシチョフに見学させたあと、九月二五日にフルシチョフとアイゼンハワーがメリーランド州にある大統領の別荘キャンプ・デーヴィッドで会談し、九月二七日には「国際問題の解決のためには平和的手段を使うことに合意した」という共同コミュニケを発表した。これがフルシチョフ首相とアイゼンハワー大統領が初めて見せた米ソ緊張緩和（デタント）政策であった。

しかしこの世界最大の資本主義国アメリカを初めて自分の目で視察し、摩天楼のビルが林立する大都市を眺めても、フルシチョフは、「アメリカは大した国ではない」と鼻の先で笑った。

その直後、一九五九年一〇月にカストロが、ソ連のKGB上級諜報員を初めてハバナの執務室に招いて対面し、ソ連諜報員が手土産に持参したロシアのウォッカを飲みながら、「ミコヤン副首相が主宰するソ連の見本市をキューバで開いて下さいませんか」と丁重に頼んで、両者は合意したのだ。まさにこれと並行して、先に述べたようにカストロが封建的な大土地所有と、外国企業の土地占有を禁止して、農民に土地を分配する政策を打ち出し、劣等人種として下層労働者に落としめられていた黒人を、平等な市民として厚遇して大学に行けるようにしたのである。アメリカ南部で激しい黒人差別が横行していた時代に、である。カストロの政策は「社会主義国を建設する」という宣言だったので、アメリカ政府内に衝撃が走った。

キューバ革命によって財産を失い、アメリカに亡命したキューバ人の多くは、フロリダ州マイアミに住みついてリトル・ハバナの町をつくり、その後は、財産を取り戻すために暴力的な反キューバ革命・反カストロ運動を続けた。現在、アメリカ国内のキューバ移民がフロリダ州を中心に一〇〇万人以上いるのは、そのためである。フィデル・カストロの妹で、次女のファーナは、兄の革命に協力してきた同志だったにもかかわらず、革命政権が明確な社会主義体制に移ると、一九六一年から兄に離反してCIAの協力者に豹変し、チェ・ゲバラを毛嫌いし、フィデル・カストロを「独裁者」と呼んでマイアミから告発し続け、のちに『カストロ家の真実』という本を出版した。したがってこの書には、肝心のアメリカの悪事について、何も書かれていない。

アメリカは、革命前からキューバ国内を占領して、アメリカ海軍のグアンタナモ基地をキューバから永久租借していた。シエラ・マエストラの東部、キューバの東南端に位置するこの地だけは、以後もアメリカが占領し続けて、イスラム教徒に対する拷問で悪名高い囚人収容所を運営して現在に至っている。

このような世界情勢の地球上で、キューバは傑出して特異な存在となった。ヨーロッパ大陸では大衆のなかで共産主義の評判が悪いのに対して、ラテンアメリカではキューバの社会主義がきわめて大きな大衆の人気を獲得していたからである。カストロは個人崇拝を嫌い、革命の英雄でありながら、法律を定めて自分の大きな肖像画や銅像をつくらせず、遺言でも自分に対する個人崇拝を禁止した。以後のカストロは、全世界で唯一、すべての人種が無料で教育と医療を受けられるユートピア的な社会制度を施行し、中南米で平均寿命が最も長く、ホームレスがまったくいない、そして人種差別がまったくない社会主義国家をつくりあげた。おそらく彼のこうした良心的独裁は、レーニンがおこなったロシア革命後の残虐な独裁政治の失敗に多くを学んだからに違いなかった。その後、現在に至るまで、キューバ国民の教養は、きわめて高く、街には音楽があふれ、芸術も盛んである。

ソ連がキューバを取りこんだため、アメリカ政府がキューバ対策を始動

こうしてキューバ革命時代、以上述べたようにカストロ兄弟とゲバラが完全な社会主義国を建設しはじめたが、カストロもゲバラも、大統領ドルティコスも、マルクス・レーニン主義の書物を読み、それに共感していても、キューバに起こったカストロ革命の本質は、ヨーロッパに広がったマルクス・レーニン主義とはほとんど無縁のものであった。キューバ革命は、ソ連の力を一切借りず、コスタリカやメキシコやベネズエラのラテンアメリカ諸国の協力を得て達成された社会主義革命であった。第三世界にしばしば見られる植民地解放・貧困層の解放を目

的とした民族主義の武装蜂起であり、指導者カストロとゲバラがめざしていたのはラテンアメリカ全体の民衆解放であった。

　ところがソ連で第一書記と首相を兼務していた国家元首フルシチョフが、キューバ革命の翌年、一九六〇年からこのキューバに対する援助をはじめたので、この時から〝カストロのキューバ〟の性格が変化しはじめたのである。キューバ共産党からの通報によって「反共産主義」を公言していたカストロのイデオロギーに疑問を抱いていたソ連だったが、キューバ革命後の一年間の成果に目を細めてきたフルシチョフは、ついにカストロの要請に応えて、一九六〇年二月四日にソ連の見本市を主宰する第一副首相アナスタス・ミコヤンをキューバに派遣して、公式訪問させたのだ。アルメニア出身のミコヤンは、独裁者スターリンの時代から外国貿易と国内商業を担当する大臣としてソ連経済を動かす〝赤い商人〟であり、国際関係では常にソ連の顔として外国の利権を差配してきた実力者であった。

　一九五三年にスターリンが死んだあと、首相となったマレンコフからも引き続き外国貿易大臣の地位を与えられ、新たに第一書記となったフルシチョフが一九五六年のソ連共産党大会でスターリン批判を開始すると、変り身の早いミコヤンがスターリン批判の先頭に立って、フルシチョフ体制のもとで副首相に就任していた。このソ連貿易界の怪人物がキューバに現われたということは、カストロがキューバの財布を開いて、ソ連から経済的支援を取りつけたということにほかならなかった。

カストロは、キューバ最大の輸出先であるアメリカ政府と対決しながら社会改革を実施するために、どうしても多額の資金を必要としていたので、ミコヤンを招いたのだ。その時、ソ連がハバナに貿易事務所を開設するという通商協定（事実上のソ連からの援助協定）を、カストロおよびゲバラと結んだのである。ミコヤンがキューバを訪問していた二月一三日には、一億ドルの借款協定に調印して、キューバの砂糖をソ連が買いつけて財政を助け、そのほかキューバの経済活動に必要な原油の供給だけでなく、今までアメリカに頼ってきた主食の小麦をソ連が供給してくれることになった。またゲバラがめざす工業化のための鉄鋼とアルミニウム、化学工業の原材料と、農業の多角化に必要な肥料もソ連が供給するという、願ってもない財政支援が開始されたのだ。

こうしてソ連の最高権力者フルシチョフが庇護者となってキューバに手を差し伸べ、互いに肝胆相照《かんたんあいて》らす仲になると、カストロは渡りに舟とばかり、それにとどまらず、キューバ国内の反乱分子と戦い、アメリカとも戦うために、「武器をソ連に求める」協定を結んだのである。この時からキューバは、カリブ海最大の貿易基地ではなく、アメリカの目の前に突然に出現した〝共産主義国ソ連の前進基地〟としての性格を持つようになり、フルシチョフが利き腕と頼む軍事的同志となった。

核兵器開発でしのぎをけずっていた米ソ対立時代のアメリカにとって、目の前にソ連の軍事的な性格を併せ持った基地が出現したことは重大事であった。それは、キューバを反共政策の脅しで追いつめた自業自得の結果だったが、アメリカはその原因を反省する国ではなかった。CIAの偵察衛星によるコロナ計画によって、アメリカが共産圏の軍事施設を宇宙から偵察しはじめたのが、この一九六〇年であった。

一方、カストロがソ連と手を組んだことは、キューバの共産主義化を内外に明白にしたため、キューバ革命で反乱軍に加わった自由主義の反共主義者たちは、「カストロに裏切られた」と知って、カストロ政府と完全に離別することになった。

アメリカは、ソ連に出し抜かれたと知って、翌月の一九六〇年三月一日にアイゼンハワー政権が経済制裁によってキューバに圧力をかけることを決断し、キューバ最大の貿易収入源である砂糖をアメリカが買い取らない権限を大統領に与える議案を議会に提出した。これはアイゼンハワー大統領の発案ではなく、時のCIA長官アレン・ダレスが兄と同じ全米一のサリヴァン・クロムウェル法律事務所の弁護士出身で、キューバ砂糖産業の元締めであるユナイテッド・フルーツ社の重役だったからである。アレン・ダレスは、「共産主義化した国、キューバの経済の首を締める」という公式の目的を掲げながら、その実、ダレス家の利権を守ろうと大統領に入れ知恵をしたのだ。

パナマ運河から台頭したサリヴァン・クロムウェル法律事務所の政界支配

ダレス兄弟を生み育てたサリヴァン・クロムウェル法律事務所とは、そもそもここ中米にアメリカがパナマ運河を建設する陰謀の中から肥え太ったアメリカ政財界のパイプ役であった。この法律事務所は、一九世紀末の一八七九年にアルジャーノン・サリヴァンとウィリアム・クロムウェルがニューヨーク市に創立し、以後モルガン財閥の〝USスチール・トラスト〟とロックフェラー財閥の〝スタンダード石油トラスト〟を生み出し、二大独占財閥の手足として動くアメリカ財界最大の利権代表者であり、この時代には強大な政治勢力としてワシントン政府を支配していた。

しかしこの法律事務所が全米最大の権威となった濫觴《らんしょう》は、一八八九年に、フランス人フェルディナン・ド・レセップスが中米で工事をスタートした「フランスのパナマ運河会社」が陰謀によって倒産させられたあと、五年後の一八九四年にパナマ運河建設の権利を所有する新パナマ運河会社が設立されて、新会社の利権代表者がサリヴァン・クロムウェル法律事務所の創立者ウィリアム・クロムウェルだった時に遡る。彼は、運河の建設地帯としてニカラグア・ルートではなく、パナマ・ルートを強力に推進し、議会でロビー活動を展開すると、ロックフェラー財閥の代理人で、ロックフェラー一族でもある政界有力者のマーク・ハンナ上院議員を抱きこむことに成功して、政界をパナマ・ルート確定に導き、八〇万ドルという莫大な報酬を得た。

　そして陰謀クーデターによって一九〇三年にコロンビアからパナマを独立させ、翌一九〇四年に、フランス人の残した運河工事をアメリカ人が再開した時、利権代理人であるサリヴァン・クロムウェル法律事務所のウィリアム・クロムウェルが二〇〇万ドルの報酬を得た。この金額はそれまでのアメリカ史上で弁護士に支払われた最高額であり、以来この法律事務所が全米に君臨するようになったのである。一九〇八年の〝ワールド〟紙が、「ウィリアム・クロムウェルらがパナマ運河会社の株式や社債を三六五〇万ドルで購入し、アメリカ政府にそれを四〇〇〇万ドルで売りつけて三五〇万ドルを稼いだが、その大金はどこに行ったのか？」と疑惑を報じた通り、彼ら利権代理人はこの取引きの裏で莫大な金を稼いでいた。加えて、アメリカがパナマ政府に支払った一〇〇〇万ドル（一世紀後の現代の価格で四二〇〇億ドル＝ほぼ四二兆円）のうち、九〇〇万ドルはパナマ政府の代理人に指定されたモルガン商会に渡され、さらにそのうち六〇〇万ドルは抵当としてアメリカの銀行に移されてしまい、モルガン＝ロックフェラー連合の銀行家がそれを運用したのである。

　つまり中南米の物流を支配するパナマ運河を背後から操っていたのは、次頁の系図「ロックフェラー家とダレス家の姻戚関係」が示す通り、モルガン財閥とロックフェラー財閥であり、ロックフェラー家がチェース・ナショナル銀行を通じてキューバの経済支配者でもあった。

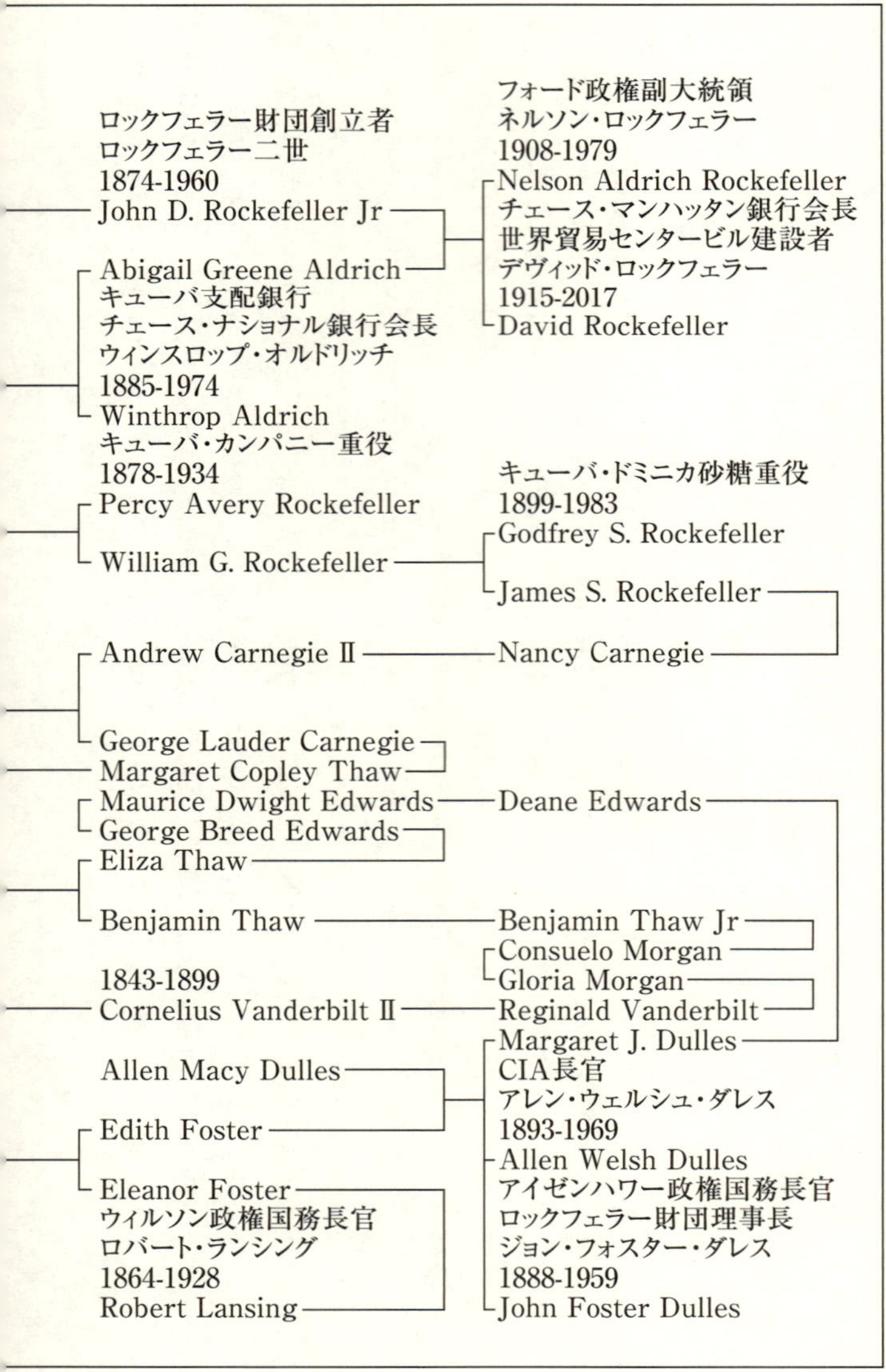

ロックフェラー財団創立者
ロックフェラー二世
1874-1960
John D. Rockefeller Jr
Abigail Greene Aldrich
キューバ支配銀行
チェース・ナショナル銀行会長
ウィンスロップ・オルドリッチ
1885-1974
Winthrop Aldrich
キューバ・カンパニー重役
1878-1934
Percy Avery Rockefeller
William G. Rockefeller
Andrew Carnegie II
George Lauder Carnegie
Margaret Copley Thaw
Maurice Dwight Edwards
George Breed Edwards
Eliza Thaw
Benjamin Thaw
1843-1899
Cornelius Vanderbilt II
Allen Macy Dulles
Edith Foster
Eleanor Foster
ウィルソン政権国務長官
ロバート・ランシング
1864-1928
Robert Lansing
フォード政権副大統領
ネルソン・ロックフェラー
1908-1979
Nelson Aldrich Rockefeller
チェース・マンハッタン銀行会長
世界貿易センタービル建設者
デヴィッド・ロックフェラー
1915-2017
David Rockefeller
キューバ・ドミニカ砂糖重役
1899-1983
Godfrey S. Rockefeller
James S. Rockefeller
Nancy Carnegie
Deane Edwards
Benjamin Thaw Jr
Consuelo Morgan
Gloria Morgan
Reginald Vanderbilt
Margaret J. Dulles
CIA長官
アレン・ウェルシュ・ダレス
1893-1969
Allen Welsh Dulles
アイゼンハワー政権国務長官
ロックフェラー財団理事長
ジョン・フォスター・ダレス
1888-1959
John Foster Dulles

ロックフェラー家とダレス家の姻戚関係

初代石油王
スタンダード石油創業者
ジョン・D・ロックフェラー
1839-1937
John Davison Rockefeller

キューバ植民地化の黒幕
上院財政委員会委員長
ネルソン・オルドリッチ
1841-1915
Nelson Wilmarth Aldrich

スタンダード石油創業者
ウィリアム・ロックフェラー
1841-1922
William Rockefeller

モルガン財閥の
USスチールを生んだ鉄鋼王
アンドリュー・カーネギー
1835-1919
Andrew Carnegie
Thomas M. Carnegie
Mary Sibbet Copley

ペンシルヴァニア鉄道社長
ウィリアム・ソウ
1818-1889
William Thaw

Eliza Burd Blair

パナマ地峡鉄道を支配した全米一の富豪ヴァンダービルト家
1821-1885
William Vanderbilt

ハリソン政権国務長官
ジョン・フォスター
1836-1906
John Watson Foster

系図のように、そこにパナマ地峡鉄道を支配した全米一の富豪ヴァンダービルト家と、モルガン財閥のUSスチールを生んだ鉄鋼王アンドリュー・カーネギーが肩を寄せ合って一族を形成し、この時代からサリヴァン・クロムウェル法律事務所は、モルガン＝ロックフェラー連合の代理人として活動するようになり、全米のトップに立ったのである。

さらにラテンアメリカ全域でそうした外国利権を確保する役割が、日本における外務大臣に相当する「国務長官」であった。そこで、二三代大統領ハリソンの国務長官ジョン・フォスターの孫で、二八代大統領ウィルソンの国務長官ロバート・ランシングの妻の甥でもあるジョン・フォスター・ダレスが祖父の口利きでこの法律事務所に入って、やがて最高責任者〝パートナー〟にのしあがったのだ。彼は中南米を支配するユナイテッド・フルーツ社の顧問弁護士をつとめながら、弟のアレン・ダレスと共に同社の重役となった。一方、中東ではこの兄弟がアングロ・イラニアン石油（のちのセブン・シスターズとなるイギリスの石油メジャーBP）の顧問と重役をつとめ、キューバをはじめとする全世界のニッケルを独占支配するインターナショナル・ニッケルの重役としても、ダレス家の収入を激増させてきたのだ。

今の系図では祖先を省略してあるが、石油王ジョン・D・ロックフェラーの大伯父ヘンリー・エイヴリーと、ジョン・フォスター・ダレスの妻ジャネット・エイヴリーは、同じ先祖から出た一族なので、系図の一番上のロックフェラーと系図の一番下のダレスが直結しているのである。そのダレス兄弟が国務長官とCIA長官となったのだから、政界と財界と諜報機関が一体となって、いかなるビジネスでも可能となった。アメリカの歴代大統領は、共和党も民主党も区別なく、彼らの飼い犬だったのだ。それが世に〝アメリカ帝国主義〟と呼ばれ、カストロとゲバラが闘っていた相手の正体だったのである。

CIA長官ダレスがキューバ侵攻作戦を始動し、キューバがアメリカと経済戦争に突入した

キューバでカストロ首相がアメリカ企業を接収して国有化したことが、ここで重大で具体的な意味を持った。つまり七年前の一九五三年に、イランの民族主義者モサデク首相が、ダレス兄弟が重役をつとめるアングロ・イラニアン石油（イギリス・イラン石油＝BP）を国有化した。その時、チャーチル首相と組んだアレン・ダレスが、CIAと軍事使節団の工作によってクーデターに必要な小銃、トラック、戦車、無線機をイランの反モサデク勢力に送りこみ、群衆にドル札を握らせて暴動を起こさせ、モサデク追放のイランCIAクーデター工作に成功していたのだ。

その後のイランでは、アレン・ダレスの指令で、イラン秘密警察として恐怖の国家情報治安機構サヴァク（SAVAK）を創設し、CIAの下部組織として機能する諜報機関を育てあげ、石油大国イランを完全に石油メジャーのセブン・シスターズ支配下に置いたのである。彼は今、

その成功体験をアイゼンハワー大統領に思い起こさせ、ニクソン副大統領と共に、キューバで同じ作戦を実行するようアイゼンハワーを焚きつけ、キューバ侵攻作戦を始動させることになったのだ。

その作戦に対して大統領の承認が得られた時期のことだったが、一九六〇年三月四日に、カストロが注文したベルギー製の武器を積載したフランスの貨物船がハバナに入港して、荷下ろしをはじめると、立て続けに大爆発を起こし、死者八一人、負傷者二〇〇人という大惨事が起こった。CIAの工作部隊による爆破テロであることは疑いがなかったが、カストロは証拠がつかめないまま、数多くのキューバ人の悲惨な死者を前にして「祖国か死か、われわれは勝利する！」と演説してアメリカの残虐行為を非難した。それを聞いたキューバ国民は「キューバに自衛の武器を持たせないように爆破した敵（アメリカ）の仕業」だと確信した。

翌日にこの事件の犠牲者たちの合同葬儀に参列していたチェ・ゲバラをキューバ人写真家のアルベルト・コルダが撮影したこの写真（左頁）は、ゲバラの死後に発表され、爆破事件に巻きこまれた負傷者の手当てをした医師としての彼の苦悩と、ゲリラ戦士として胸に秘めた激しい怒りを示しており、全世界に〝アメリカと戦う決意を固めたチェ・ゲバラ〟の表情として永遠に飾られることになった。現在もキューバ国内の至るところにこの精悍な顔が見られ、キューバ革命のシンボルとして愛され続けている。

ちょうどこの爆破事件が起こった時にキューバを訪れ、革命の成果を見聞していたのが、フランスの実存主義哲学者ジャン・ポール・サルトルとシモーヌ・ド・ボーヴォワールであった。合同葬儀に参列した二人は、キューバに建設されつつある平等な社会に感動した。チェ・ゲバラと会談してキューバ革命を支持したサルトルは、フランスに帰国後にこの革命を讃えたが、のちにカストロが言論を統制するようになってからは離反する。

さらにこの危機的情勢に追い打ちをかけるような事件が起こった。

怒りのゲバラ(アルベルト・コルダ撮影)

一九六〇年三月一七日に、アイゼンハワー大統領が「カストロ政権に対する秘密工作計画」を承認して間もない五月一日、アメリカのスパイ用偵察機U2がソ連上空で撃墜され、五月五日にソ連が生き残った操縦士フランシス・ゲイリー・パワーズを逮捕したと発表したのである。ソ連の軍事裁判にかけられたパワーズが有罪を認め、翌六日にはアメリカ国務省も偵察機U2の活動を認める声明を発表すると、七日にソ連がキューバと正式に外交関係を樹立し、一六日にフルシチョフ首相がスパイ飛行を激しく非難して、米ソ関係はデタントが崩壊し、キャンプ・デーヴィッド和平合意前のきわめて険悪な状態に戻った。

翌月、一九六〇年六月になって、ソ連から約束の原油がキューバに到着すると、キューバ政府が国内にあるロックフェラー財閥のスタンダード石油、モルガン財閥のテキサコ、ロスチャイルド財閥のシェルにこの原油の精製を要請したが、アメリカ政府の圧力を受けた三社が拒否したため、カストロたちの怒りはおさまらず、六月下旬から、これらアメリカ・ヨーロッパ石油メジャーの精油所を次々に接収して国有化し、続けて七月五日にはキューバにあるアメリカ企業の製糖工場、大農場、電力会社、電話会社など三六社、八億五〇〇〇万ドルに相当する巨大な資産の接収を決定した。その結果、アイゼンハワー大統領が報復のためキューバの砂糖買い付けをほぼ完全に停止し、ゲバラが予測した通りの最終的な経済戦争に突入した。

ソ連も黙ってはいなかった。七月九日には、フルシチョフ首相が、アメリカがキューバに干渉するなら、ロケット弾でキューバを支援する、とアメリカに重大な軍事警告を発したのである。いまや米ソ関係で最大の鍵を握るのがキューバであり、同時にラテンアメリカすべての国に民族主義的な解放闘争を輸出する盟主として立ち上がったのがフィデル・カストロとチェ・ゲバラであった。こうして翌月の八月七日にカストロが、キューバ国内にあるアメリカの全資産を接収することを宣言したのだ。これが実行されれば、キューバ島からアメリカ資本は完全に消え去ることになるので、アメリカとの対決は軍事的な段階に引き上げられた。この時期以降、ソ連と東ヨーロッパから続々と大量の武器がキューバに届きはじめ、アメリカの軍事侵攻に備えて、キューバ国内はカストロの指令で厳重な装備に身を固めていった。

　九月二日には、アメリカ・キューバ相互軍事協定を破棄したことをカストロが宣言した。この協定は、バティスタが独裁者となるために一九五二年にトルーマン政権と結んだものであり、バティスタ独裁のスタートを決定づけた負の遺産であった。こうしてキューバは軍事的にもアメリカと正式に訣別し、九月一九日にフルシチョフが国連総会に出席するためアメリカに入って、二三日に、キューバに対するアメリカの干渉を排除するべく〝植民地独立宣言〟を掲げて演説した。この国連総会にカストロも出席し、フルシチョフと抱擁し合って〝アメリカとの戦い〟を劇的に演出した。フルシチョフはしばしば国連で長時間の演説をおこなった人物として有名だが、カストロもこの時には四時間半の演説をおこなって総会の長時間演説記録を塗り替え、これでもかこれでもかとアメリカの略奪行為をさんざんに罵《ののし》り、詰責《きつせき》し続け、フルシチョフが立ちあがってカストロ演説に拍手を送ると、国連の舞台は二人にすっかり乗っ取られた。

　かくてキューバ政府は、翌月の一〇月一三日に、カナダを除いて、アメリカのロックフェラー財閥のチェース・マンハッタン銀行やファースト・ナショナル・シティー銀行など外国銀行すべてと、キューバのブルジョワが所有する大規模企業を含めて三八二社を国有化し、トドメを刺すため、キューバ国内に残っていたアメリカ企業全社を国有化した。そのため一週間後の一〇月二〇日に、アメリカ政府が報復に出て、食料品と医薬品の一部を除いて、キューバに対する全品目の輸出を禁止して、経済的に首を締めにかかった。単なる対決ではなく、キューバ・アメリカの全面的な経済戦争になったのである。

アメリカからの輸入品がなければ経営できないキューバの工場はバタバタと閉鎖に追いこまれ、キューバ経済は壊滅的な影響を受けはじめた。アメリカ政府は、キューバ国内におけるカストロとゲバラに対する支持を土台から崩すには、キューバ国民の生活苦を表面化させることに最も効果があると読んでいた。ところがキューバ国民の怒りは逆にアメリカに向かったのである。

ゲバラは経済崩壊を食い止めるために、この時期に社会主義国の首脳と面談するべく外遊に出て、中国の周恩来首相と協力協定を結んで援助を取りつけることに成功した。実は前年の一九五九年六月二〇日に、ソ連が中国に対する原爆の技術供与について国防新技術協定を破棄したため、怒った中国は、核兵器を独占しようとするソ連と対立しはじめ、フルシチョフと毛沢東・周恩来の関係は険悪な状態に突入していた時期だったが、ゲバラは素知らぬ顔でその両者のあいだを渡り歩いた。ソ連ではミコヤンと交渉して砂糖を購入する約束を取りつけ、有数のニッケル産出国であるキューバの鉱物資源開発のためにキューバ人技術者をソ連で養成してくれるよう依頼するなど、数々の成果をあげて帰国した。

その間、一九六〇年七月二〇日には、アメリカが潜水艦から一メガトン水爆の核弾頭を四〇〇キロ投射できるポラリス・ミサイル水中発射に成功し、これが初めて実際の弾道核ミサイルを使用したテストとなり、ソ連に脅威を与えた。さらに九月二四日には、アメリカで世界最初の原子力空母エンタープライズ号が進水したあと、一〇月二四日にはソ連のバイコヌール宇宙基地で大陸間弾道ミサイルの試験打上げ時に、発射台で爆発が起こって大惨事となり、ソ連はそれを隠さなければならなかった。

第四章　キューバ危機が勃発——米ソ帝国主義の正体

ケネディー政権の誕生とピッグス湾侵攻作戦

こうしてアメリカ・ソ連・中国が三すくみの対立を続け、刻一刻と緊張が高まると、アメリカ政府は、中国とソ連からの援助によってキューバの経済封鎖に効果がなくなったため、キューバに対して直接の軍事侵攻計画を急いで進めることになった。メキシコの南隣グアテマラは、CIA工作部隊が社会主義大統領を追放してアメリカ統治下に置いていたので、密林に亡命キューバ人のゲリラ部隊を集結させ、そこからカリブ海を渡ってキューバの横腹を南から攻撃する作戦を立てた。そしてカストロ政権の打倒に成功したあとには、前年までキューバ首相をつとめてカストロと訣別し、アメリカに亡命したホセ・ミロ・カルドーナをキューバ大統領に据える青写真をつくった。

ところが、キューバの諜報機関がこの動きを一部始終察知してハバナに伝えたので、フィデル・カストロは、ゲバラにキューバ「西部」の防衛部隊を指揮するよう命じ、ファン・アルメイダにサンタクララから東にかけて「中央部」を、弟ラウル・カストロに「東部」サンティアゴ地方を指揮させて、フィデル・カストロが「首都ハバナ」から総指揮をとる態勢で、どこから侵攻されても敵兵を殲滅《せんめつ》でき、敵の陽動作戦にも引っかからない完璧な防衛態勢を構えた。中央部を任された黒人のアルメイダは、一九五六年にグランマ号でキューバ上陸作戦を決行して以来、シエラ・マエストラ山中で共に戦ってきた歴戦のゲリラ戦士であり、フィデル・カストロ、チェ・ゲバラと共に〝キューバの三賢人〟に数えられ、国民から大きな信望を集めていた。

キューバ政府は、ラウル・カストロ麾下《きか》の正規の革命軍のほかに、このような非常事態に備えて、ゲバラが砂糖キビ畑の農民や大学生たちに軍事訓練をおこない、二〇万人という巨大な民兵部隊を育て上げてきた。この民兵が国内のすみずみに目を光らせて反革命の動きを監視し、防衛最前線を構築してきた成果がいよいよ試されることになった。ゲバラ麾下のこの民兵部隊が腕を磨いて、すでにキューバ中央部の山中で活動する反革命ゲリラを殲滅する実績をあげていたことを、CIAはみくびっていた。

一九六一年に入ると、カストロが年明け早々一月二日に、「キューバ駐在アメリカ大使館員の八割がスパイである」と非難し、大量退去を求めてアメリカとの政治対決を表明した。そのため、翌三日に、アメリカはついに〝キューバと国交を断絶〟して大使館職員全員を引き揚げさせ、政治的にも完全な対立関係が確定し、カストロ政府転覆を狙う亡命キューバ人がキューバの交易船や工場に武力攻撃をかけはじめた。この国交断絶が、ロックフェラー財閥の代理人で、同時にキューバの利権者だったCIA長官アレン・ダレスによって仕組まれ、アイゼンハワー政権最後の置き土産となったのである。

ほどなく一月二〇日に、ジョン・F・ケネディーが新大統領に就任した。ところがケネディーが大統領に就任した時には、ホワイトハウスの新しい主《あるじ》が知らないうちに、キューバ侵攻作戦がすべてできあがっていたのだ。そこで、カストロ首相がこの新大統領を試すため「国交回復の用意あり」とアメリカに通告したが、一月二九日にケネディーが一般教書演説でキューバとの国交回復を拒否して、キューバ侵攻作戦を推進した。

この侵攻作戦の発案者は、CIAの秘密工作副長官リチャード・M・ビセルであった。彼は名門エール大学の出身で、隠密作戦は確実に成功するというレポートを提出していた。このレポートを支持したのは、アイゼンハワー政権で財務次官から保健長官へと進んだ財界出身者マリオン・M・フォルサムであった。アイゼンハワー政権最後の時期、一九六〇年一一月二九日に、この二人の考えを早速、大統領選挙で当選直後のケネディーに進言したのがCIA長官の座にあったアレン・ダレスであった。

「いまこの作戦を実行しなければ、キューバは永遠にロシアの持ち物になる。目の前のチッポケな島国さえ自由にできずに、どうしてアメリカが世界の守護者になれるのか」とダレスがケネディーを説得した。

こうしてケネディー大統領がキューバとの話し合いを冷たく拒否したあと、四月四日には早くも、事情をよく知らない新大統領を動かすCIAら謀略部隊の策動によって、アメリカ政府の国家安全保障会議（NSC）でキューバ侵攻作戦が決定されたのである。ところが同時期の一九六一年四月一二日に、ソ連が人類初めての人間衛星船ヴォストーク1号の打ち上げに成功し、宇宙飛行士ユーリ・ガガーリンが搭乗してほぼ一時間で地球を一周して無事回収され、〝人類初めての宇宙飛行〟を成し遂げたのである。「地球は青かった」と語ったガガーリンの歴史的な言葉に、NASA(アメリカ航空宇宙局)は大きな衝撃を受けた。

そこで急いで四月一七日~二〇日にかけて、キューバに対するピッグス湾侵攻作戦が決行されることになった。キューバの首都ハバナの東南部にあるピッグス湾は、ファン・アルメイダが防衛軍の指揮を執るキューバ「中央部」の西南にあたり、現地キューバ人と中南米諸国では、ヒロン湾(ヒロン海岸)と呼ばれ、またスペイン語で豚(英語のピッグ)を意味するコチノス湾と呼ばれる。そのため米軍の侵攻は「ヒロン侵攻事件」とも呼ばれるが、アメリカが送りこんだ侵攻部隊が上陸した湾として、本書では、英語のピッグス湾として表記する。

すでにそのはるか前、ケネディー大統領の就任前から、CIA副長官リチャード・M・ビセルたちが亡命キューバ人一五〇〇人以上を組織し、彼らが中米のグアテマラの秘密基地でキューバ侵攻の訓練を受けていたが、この武装ゲリラ旅団が、進撃するためグアテマラを発って、南のニカラグアへ移動した。ニカラグアは、一九三三年にラテンアメリカ諸国の支援を受けて、米軍と世界最初の近代的なゲリラ戦争をおこなった。そして長い戦闘の末に、自由党軍のセサル＝サンディーノ将軍がアメリカの海兵隊に勝利して追い出すという中南米史上で特筆されるべき戦果をあげ、一躍ラテンアメリカのヒーローとなった。ところが将軍は翌年にスペイン人の国家警備隊長アナスタシオ・ソモサに暗殺され、一九三六年にソモサが軍事クーデターで悪名高い独裁大統領に就任して以後、腐敗したソモサ一族が、暗殺を平然とおこなう暴力的な独裁政権支配が続いて、カストロと敵対していたのである。

かくしてキューバ本攻撃の開始前、一九六一年四月一五日にニカラグアから発進した米軍の爆撃機がキューバの空軍基地を空爆し、キューバの空軍力を破壊する掩護《えんご》攻撃が開始された。ところがこれら八機の爆撃機は、キューバ内乱の逆臣と見せかけるためキューバ軍機を偽装した米軍機だったため、それが国連で暴露され、アメリカ政府はカストロから「真珠湾攻撃よりも卑劣だ」と痛烈な批判を受け、しかも破壊を免れたキューバ軍機が米軍機に立ち向かって交戦したため、掩護攻撃に失敗した。

翌日四月一六日に米軍機の爆撃犠牲者の葬儀に臨んだカストロは、「帝国主義者たちがわれわれを攻撃したのは、キューバがアメリカの目の前で社会主義革命に成功したからだ」と本心を打ち明けて叫び、キューバ革命が社会主義革命であることを初めて明言した。キューバ国民はその言葉を聞いて熱狂した。

こうして米軍の第一波攻撃が不充分なまま、四月一七日未明に一四〇〇人の侵攻部隊がカリブ海を渡って、キューバの南脇腹を突いてピッグス湾へ上陸をはじめ、キューバ侵攻作戦に踏み切ったのである。しかし当初からこの強引な作戦にあまり乗り気でなかったケネディーは、国際社会から〝侵略〟と非難されることをおそれて、米軍本隊の直接介入を許可しなかった。そのため、この侵攻ゲリラ部隊には米軍兵士は一人も含まれず、米軍は空からの爆撃によって反政府キューバ人部隊を掩護し、武器弾薬を投下するにとどめた。

キューバ軍はこの時、二万五〇〇〇人の革命軍（正規軍）と、チェ・ゲバラとラウル・カストロが育てた二〇万人の民兵部隊を擁していた。予期しなかった上陸地点ピッグス湾に対する侵攻が深夜の闇の中で開始されると同時に、一帯にいたキューバ軍民兵の決死の反撃がはじまった。のちにハバナから駆けつけたフィデル・カストロが自らキューバ防衛軍の指揮を執って、戦車を駆って一帯に集結しながら、迫撃砲で猛烈な攻撃を加えた。さらにカストロが秘密兵器として用意しておいた機動性の高い小型ジェット機を出動させて機銃掃射を加え、侵攻軍が空からの掩護を受けられなくした。

ユナイテッド・フルーツ社の船まで動員して上陸した反政府キューバ人侵攻部隊は、湿地帯に足をとられてちりぢりになりながら標的にされ、空からもキューバ空軍が上陸用舟艇を爆撃し、沖合に待機したアメリカの艦船を撃沈して弾薬の補給を受けられなくした。この時のフィデル・カストロは、シエラ・マエストラ山中のゲリラ戦を戦い抜いてきた経験から、ライフル銃を握って最前線に立つプロの軍人指揮官として、ＣＩＡよりはるかに高度な作戦頭脳を持ち、迅速・的確な攻撃命令を次々に出して侵攻部隊を掃討していったのである。

キューバ軍の術中にはまった侵攻部隊は、わずか二日間の戦闘で無残にも壊滅に近い被害を受けた。一方、プエルトリコから発進した侵攻部隊の別動隊がラウル・カストロの指揮する東部に陽動作戦を仕掛けたが、こちらも本隊が敗北したことを知って撤退し、四月一九日夕刻に侵攻軍がカストロ軍に全面降伏するというぶざまな結果となった。わずか三日間で勝敗のついたこの戦闘による犠牲者は出典により異なるが、カストロ軍側の戦死者は一五一人（または一六一人）で、対する侵攻軍側の死者は一一四人（または一〇七人）を数えた。侵攻部隊は一二〇九人（または一一八九人）が一網打尽に捕らえられ、四月二〇日には、カストロがテレビに出演して勝利宣言を出し、アメリカが作戦に失敗した原因を国民にくわしく説明して、侵攻が完全に失敗した大ニュースが全世界に伝えられた。

捕虜のうち、首謀者たちはハバナで公開尋問にかけられ、その様子がテレビ中継されると、その中に、バティスタ時代に拷問と殺人に明け暮れた残忍無比の元警察幹部が多数含まれ、これら犯罪者をアメリカ政府が利用したという驚くべき事実を全世界が知るところとなった。うち特に重罪と認められた五人は銃殺刑に処せられた。残り一〇〇〇人以上の捕虜は人道的に扱われ、軍事裁判にかけられて「罰金または禁錮刑」の判決を受けたが、度重なる捕虜交換交渉の末、翌一九六二年のミサイル危機解決後にアメリカ政府がおよそ六〇〇〇万ドル相当の医薬品および食料と引き換えに、全員がアメリカに引き取られた。

　ＣＩＡ主導の侵攻作戦が全面的に失敗した原因は、第一に、キューバ政府がソ連とチェコスロバキアなどから送られた高性能の武器四〇万丁を確保していたことにあった。さらに、装備した革命軍と共に、カストロ政府を愛する国民皆兵のごとき民兵組織がこの日に備えて訓練されていたため、キューバのどこの海岸から侵攻されてもきわめて機動性の高い反撃力を持っていたことにあった。それに対して侵攻部隊は、カストロ政府打倒に決起するキューバ国内の勢力と合流する手筈だったが、キューバの諜報機関がこれら国内の反政府勢力の動きを逐一把握していたため、事前に数万人以上を一斉に検挙して、完全に鎮圧していた。そのため侵攻軍は、内部からの蜂起がまったくないまま攻撃を開始し、完全に読み違えていたのだった（これら反政府勢力とみなされ、事前に拘束された大量の人間は、キューバの勝利後すぐ釈放されたが、反革命分子と名指しされた不名誉を嫌って、このうち多くの人間がキューバからフロリダに去っていった）。

　つまりカストロ・ゲバラ側の正しい読みの前に、なす術もなく降伏させられたのであった。このキューバ侵攻事件に前後して、ＣＩＡが、カストロ兄弟の妹ファーナに接触しはじめ、反革命側にとりこむことに成功する。

キューバ侵攻事件がベトナム戦争の発火点となった

この事件によって、軍人フィデル・カストロが戦略家として示した防衛能力に対して、キューバ国民の信頼は一挙に高まり、民兵として実際の戦闘に参加したキューバ人の団結心は岩よりも強固になり、カストロが求めた社会主義革命に対する士気も熱気も高まった。ヤンキーの帝国主義国アメリカを打ち破ったこの瞬間から、キューバ国民は、カストロが主張する〝革命を守る革命第一主義〟に熱狂した。革命第一主義は、この時点では社会主義を達成しつつあるキューバにとって、いい意味での反米・愛国心と同じだったが、それは次第に、カストロ独裁の〝革命制度優先〟社会、〝選挙と報道の自由のない〟社会に変貌する運命にあった。それでもこの一党独裁と報道規制は、一九五九年の革命成立以来、アメリカ合衆国がキューバに対する経済制裁と軍事攻撃を加え続けるため、キューバ国民は革命制度を守るために不可欠の制度と理解し、これを圧政であると感じることがなかった。

ピッグス湾侵攻事件直後の一九六一年五月一日のメーデーを迎えて、カストロ首相は、「キューバ革命は社会主義革命である」と再び声高らかに宣言した。これは、アメリカ政府が送りこんだ侵攻部隊を打ち破って、キューバがアメリカから完全に独立したことを内外に示す華々しい勝利宣言であった。と同時に、キューバの社会主義を初めて公式に表明した「ハバナ宣言」であった。これは一九六〇年九月二日に発表されたいわゆる第一次ハバナ宣言とは違うので、本書では〝メーデーのハバナ宣言〟と呼ぶ。

さらに八月には南米のウルグアイで、南北アメリカ大陸すべての国が集まる米州機構の閣僚会議が開かれると、アメリカ帝国を一撃で倒したキューバ代表として出席したチェ・ゲバラに対する人気は抜群で、八月八日の演説でゲバラは「アメリカがみなさんに提唱し、キューバとの断交を求めている〝進歩のための同盟〟なる覇権主義に反対するよう求める」と語って喝采を浴びた。ところが八月一七日には、米州機構の経済社会理事会で、アメリカの経済援助にすがろうとする二〇ヶ国が〝進歩のための同盟〟に調印してしまい、ラテンアメリカでは予断を許さない闘いがくり広げられた。

実は、カストロもゲバラも、キューバ人の誰一人気づかなかったことだが、キューバ侵攻作戦は、それ単独でおこなわれたのではなかった。これは、世界的な大戦争への幕を開く事件だったのである。一九六一年四月一二日にガガーリン少佐が宇宙飛行に成功した同じ日に、大統領補佐官ウォルト・ロストーがケネディー大統領に東南アジアにおける共産主義拡大の危機を訴え、「ベトナム全土への作戦を急速に進めるべき」とするメモランダムを渡し、キューバ侵攻作戦と並行して、アメリカ政府が〝ベトナム戦争〟の作戦を開始したのである。

続いて五日後の四月一七日にキューバ侵攻作戦を強行して失敗した翌月、五月一一日に、ケネディー大統領が「CIA」と、のちにグリーンベレーとして知られる「特殊部隊」と、「南ベトナム要員」から成る六〇〇〇人の正規米軍をベトナムに派遣する極秘命令を出し、南ベトナム民族解放戦線（のちのベトコン）を壊滅させる目的でクラスター爆弾、ナパーム弾、枯葉剤を使用するベトナム攻撃を開始したのだ。このケネディーの極秘指令は、一〇年後の一九七一年六月一三日からダニエル・エルズバーグらによって〝ニューヨーク・タイムズ〟の連載記事として報道され、「ベトナム秘密報告」いわゆる〝ペンタゴン・ペーパーズ〟に記されていたことが暴露され、全世界が初めて知るものであった。

したがって、この時期にキューバ国内の反政府勢力が一掃された結果、社会主義国のキューバを取り戻せなくなったアメリカ政府が、反共政策の矛先を本格的にベトナムに向ける大きな動機となったのが、キューバ侵攻作戦の大失敗であり、カストロの「メーデーのハバナ宣言」から受けた屈辱であった。

アメリカ政府がおこなったキューバへの軍事干渉は、キューバを取り巻くラテンアメリカの民主勢力から一斉に痛烈な批判を浴びた。人間が宇宙に飛び出す有人衛星打ち上げに成功して有頂天のソ連のフルシチョフからも激しい攻撃を受けて反論できなかった。資本主義陣営からもそのぶざまな失敗を責められ、立場を失ったのがホワイトハウスであった。

カストロ暗殺計画〝マングース作戦〟

共産主義拡大のドミノ現象を阻止するため、ケネディーをベトナム戦争に向かわせたほど大きな屈辱を受けたアメリカ政府の反共勢力は、恥をかかされて黙っていなかった。すでにアイゼンハワー政権時代から計画していた通り、カストロ首相を暗殺して、キューバ侵攻の失敗を逆襲に転じようと、ただちに動きだしたのである。弟の司法長官ロバート・ケネディーやCIA副長官ビセルらが主導して、ケネディー大統領を焚きつけると、一九六一年一一月三〇日にケネディーがこれを承認し、獰猛《どうもう》な肉食獣に因んで〝マングース作戦〟と命名した秘密行動計画を開始し、五〇〇〇万ドルという意趣返《いしゅがえ》しの大予算をつけたのである。

キューバ侵攻作戦に失敗して大統領に赤恥をかかせたダレスは、その年一一月二九日に長官を更迭されてCIAを去っていった。同時にハバナの歓楽街という巨大な利権を取り戻せなくなったマイヤー・ランスキーらのマフィアが、「米軍を出動させずに中途半端な侵攻作戦に踏み切り、大失敗を犯したケネディー大統領」を許さず、先に述べたようなロバート・ケネディー司法長官との確執と暗闘を経て、テキサス州ダラスで大統領を暗殺する決意を固めた、と言われる所以がここにあった。

その後のカストロ暗殺計画〝マングース作戦〟は、後任のCIA長官ジョン・マコーンに引き継がれ、マコーンが長官に就任した一九六一年一一月二九日以降に実施された。マコーンはベクテル・マコーン社の社長として全米最大の原子力建設企業ベクテル社を育て上げ、カリフォルニア銀行の重役、スタンダード石油カリフォルニアの大株主、通信支配企業ITTの重役などを歴任してラテンアメリカ全土の利権をむさぼり、核実験を統括するAEC（原子力委員会）の委員長からCIA長官に転じた大物中の大物であった。

ここまで暗殺の実動プランが進められていたため、引くことができない大統領ケネディーは、国家安全保障会議でカストロ政権の転覆作戦を承認した。そして暗殺作戦という国家テロが、CIA長官マコーンのもとでペンタゴン（国防総省）、国務省、FBIが協力する国家的事業としてスタートしたのである。今度こそ失敗しないよう、エドワード・ランズデール大佐を召喚したが、彼はフィリピンやベトナムの東南アジアで共産ゲリラ壊滅作戦に従事し、その辣腕《らつわん》が買われていた人物だったので、大佐から准将に昇格させ、作戦実行指揮官に指名した。

マングース作戦は、翌年の一九六二年一月時点で破壊活動を開始した。彼らは、キューバ国民に対するプロパガンダ活動から着手して、ラテンアメリカ全土の短波ラジオで反共宣伝の謀略放送を流し、宣伝ビラを配布するといったCIAクーデターの常套手段から手を染めた。そしてキューバ国内で根絶やしになった反革命レジスタンス運動を再組織するために、亡命キューバ人から成る新たな工作部隊三〇〇〇人を次々とキューバに送りこんでゆき、破壊活動を進めたため、〝第二のキューバ内戦〟が引き起こされたのである。

この内戦に対する危機感から、カストロ政府がソ連に軍事援助を求めたという意味で、これがキューバ・ミサイル危機の引き金になったと言ってもよい。カストロが「山賊」と呼んだこれら部隊によって発電所・精油所・鉄道・製糖工場・製材所を手始めにサボタージュや破壊がおこなわれ、道路や農作物ばかりか、映画館やデパートなど一般市民の集まる場所にまで破壊活動がおよび、数百人の民間犠牲者を出したのである。彼らの狙いはキューバの経済を崩壊させることによって、カストロ体制をこの世から消し去ることにあった。キューバ国防省の記録によると、一九六二年一月からキューバの核ミサイル危機が進行する八月までの八ヶ月間で六〇〇〇件の破壊工作がおこなわれたとされる。その後、本格的なカストロ政権打倒を目標に、行動がエスカレートして、新たな作戦が開始された。

マングース作戦で最も重要な計画は、キューバ国内できわめて人気の高いカストロ個人の暗殺にあった。元FBIのロバート・メイヒューもCIAに雇われて作戦に加わったが、メイヒューは、同じ時期に石油メジャーの差し金で、インドネシアのスカルノ大統領を失脚させるため、金髪女と偽スカルノのポルノ映画を製作した人物である。

カストロに対して実施されたこの一連の作戦行動は、ずっと後年、一九七五年になってCIAの海外謀略活動が明るみに出されてから、CIAを厳しく追及するフランク・チャーチ上院議員が委員長となって、アメリカ政府の秘密工作に関する調査委員会（外国要人に対する謀略活動調査委員会）、いわゆるチャーチ委員会によって、暴露された。それによれば、一九六二年八月一〇日に、ロックフェラー財団理事長だったディーン・ラスク国務長官の部屋で、ケネディー政権の閣僚・高官による秘密会議が開かれ、この席上、ロバート・マクナマラ国防長官が「カストロを排除するには、殺す以外に方法はない」と発言したとされる。

当初から配下の工作員を直接キューバに派遣していたCIAは、ハバナの歓楽街を取り戻したいと願っていたランスキーを含むマフィアのボスを雇っており、マフィアが毒薬をカストロに注射して殺害する計画を立て、キューバ軍の上級将校を買収した。この将校が吹き矢のようなもので猛毒を塗った針をカストロに放つ計画だったという。さらにはカストロの趣味であるダイビングに目をつけて、爆薬を仕掛けたきれいな貝殻を準備したり、カストロ愛用のキューバ葉巻に爆薬を仕掛けて、カストロの鬚《ひげ》をこがして権威を失墜させるといった信じられないほど馬鹿げた計画が真面目に検討されていた。カストロ暗殺に一〇万ドルの懸賞金がかけられたこの計画には、ラウル・カストロとチェ・ゲバラも暗殺リストに入っており、キューバの作物を生物兵器で壊滅させて、キューバ人を飢餓に追いやる作戦まで入っていた。アメリカが仕掛けたカストロ暗殺計画は六〇〇回におよんだとされるが、これらの計画は、キューバ国民がカストロを尊敬し、慕っているということをまったく理解しない傲慢さの故にすべて失敗し、のちに中止に追いこまれたのである。

ベルリンの壁構築

この時期の一九六一年六月三日から四日にかけて、フルシチョフ首相とケネディー大統領がウィーンで初めて会談し、互いに相手の心中を探り合ったが、この時フルシチョフは、ピッグス湾侵攻事件に失敗したケネディーがひどく弱気で、優柔不断な態度であることに気づいた。

一方、モンカダ兵営襲撃記念日の七月二六日に、ハバナの革命広場に、人類初めての宇宙飛行を成し遂げたソ連の英雄ガガーリンを招いたカストロは、これまでキューバ国内でバラバラに活動してきた〝七月二六日運動〟部隊の革命派と、ソ連を後ろ楯とする共産党系の左翼政党を統合して〝統一革命機構〟を結成したことを発表して、自らそのトップの第一書記の座に就いた。カストロは、キューバが東ヨーロッパ諸国のようにソ連の属国になることには反対でありながら、一方、ソ連から大量の技術者を招かなければ米軍に対して軍事的にキューバの防衛が成り立たず、同時に、この年から配給制を導入しなければならないほど経済的に追いつめられた国民生活にとって、ソ連の貿易援助に頼ることが不可欠であることが分っていた。このように相反する思想と政策を進めなければならない独裁者だったので、ソ連共産党の集団指導体制ではなく、フルシチョフ個人との友好を通じて、社会主義革命宣言を出してこの難局を乗り切ろうとした。

この時点で、経済再生の責任者だった工業大臣チェ・ゲバラは、ソ連の技術を修得してキューバの工業化を進め、日本のように技術力を磨けばキューバ経済が好転すると読んでいた。実は〝キューバの砂糖〟の輸出先としてバティスタ時代からアメリカに次ぐ貿易額を記録し、キューバ経済を支えてきたのが日本であり、一方、日本にとっても消費量が急増していた砂糖の重要な供給国がキューバだったので、実務主義者のゲバラが商務大臣を日本に派遣して一九六〇年四月二二日に通商協定を結び、砂糖とのバーター貿易で日本から数々のすぐれた生産用プラントを買い入れた。

しかし日本人は奈良・平安・鎌倉・室町・安土桃山・江戸時代と続いた長い歳月にわたって全土の農業・漁業と織物や造船産業が技術を高め、衣・食・住から医学・薬学・陶芸・絵画・刀剣、仏教建築・仏像彫刻などのあらゆる分野にわたって、職人と専門家が、徒弟制度のもとに自ら高度な腕を磨きあげてきた。その素地の上に、外国から学びとった産業革命以後の高度な技術を修得していた。そのため明治以後に日本独自の新たな知恵と知識で精密機械を駆使する工業社会を育てあげ、誤った侵略戦争に踏み出して無残に敗戦したのちも、焼け野原から復活して世界的な経済発展を遂げることができたのである。

それに対して、数百年間も植民地化されてアメリカ・ヨーロッパ人に隷属させられたキューバ人には、これまで機械や工学の技術について、自分たちの頭を使って知恵を磨く機会がほとんど与えられなかった。革命前にキューバに乗りこんできたアメリカやヨーロッパの技術者たちは、一部のキューバ人に工場内で技術を教えたが、そこで育った技術者たちはキューバ革命と同時に一斉にアメリカに亡命してしまった。

くわしい記録は見られないが、カストロ政府が実行した外国企業の国有化は、その企業に雇用されていたキューバ人にとって、おそらく収入の大幅な減少をもたらし、それが技術者の国外流出を招いた原因と考えられる。国内に残ったのは、砂糖キビ畑の単純な肉体労働に追われてきた多くの国民であり、ゲバラが教育に熱を入れても、その成果が一朝一夕にして実らないことに気づいていなかった。工業化の成果を出すまでには、不幸にして、幾年もの暦をめぐる歳月が必要だったのだ。

現在のキューバ人が世界的に非常に優秀である事実を考えれば、能力ではなく、これは時間の問題であった。革命直後のキューバ人に可能だったのは、たまたまアメリカから仕掛けられたゲリラ戦に、ソ連製武器をとって勝利することであり、その勝利もまたキューバ人の日常生活の向上にとっては、時間つぶしに費やされ、国立銀行総裁を歴任したゲバラが悔やんだ通り、膨大な国費が生活経済に回されず、殺戮兵器の購入に浪費されたにすぎなかった。これが、このあとキューバに経済危機を招き、ソ連への急接近につながったのである。

ソ連側では、キューバがアメリカの裏庭にあって、核弾頭ミサイルを持たせればワシントンの急所を狙えるのだから、その地政学的な価値を失いたくないフルシチョフが、カストロ個人を通じて巧みにキューバを操ろうとした。そしてウィーン対談でケネディーが弱気であることを知ったフルシチョフは、この時、最大の懸案を解決することに踏み切った。ベルリンの壁の構築を指令し、一九六一年八月一三日午前〇時に壁の建設を開始したのである。

毎年数万から数十万人の東ドイツ国民がベルリン経由で西ドイツに大量流出していたため、それをくい止めようと、東ドイツ政府が領内にあるベルリン市で東西ベルリン間に通ずる六八の道路すべてを閉鎖し、有刺鉄線による最初の「壁」の建設が開始され、朝六時までに東西間の通行がほとんど遮断され、有刺鉄線の建設が午後一時までに完了した。そして二日後には石造りの壁の建設が開始され、西ベルリン全域が壁で包囲されて、東ドイツの中に浮かぶ陸の孤島となったのである。これに対抗して、八月一七日にアメリカ・フランス・イギリスが西ドイツ駐留軍の強化を発表し、境界線に軍隊を配置して、ベルリンの壁をめぐる東西対立が激化したのだ。

さらにこの年一〇月三〇日に、ソ連が広島原爆三三〇〇発分に相当する五〇メガトンという超巨大な水爆実験を実施して、アメリカ政府の度肝を抜いた。このスーパー水爆は、現在までに地球上で実施された核実験として人類史上最大の爆発力を持ったもので、西側はこの世界一の核兵器を〝ツァーリ・ボンバ（ロシア皇帝の爆弾）〟と呼んだ。ソ連がこの大気圏内核実験を、北極海に浮かぶ、ヨーロッパの北東に位置するノヴァヤゼムリャ列島でおこなったため、東西ドイツの対立に測り知れない脅威を与え、このあとのキューバ危機の誘因になったことは間違いなかった。

これに対してアメリカは、ソ連の首都モスクワを射程に入れる核弾頭ミサイルの配備計画をすでに進めていて、一九五九年一〇月にイタリアおよびトルコと協定に署名し、射程距離二〇〇〇キロほどの準中距離弾道ミサイル（ＭＲＢＭ）ジュピターの配備を決めていたので、ベルリンの壁構築開始と、〝ツァーリ・ボンバ〟が誕生した一九六一年からアメリカ空軍のジュピター部隊が次々と配備されたのである。イタリアとトルコに配備されたこのミサイルはすでに時代遅れのもので、近いうちに射程距離が一万四〇〇〇キロもある長距離の大陸間弾道ミサイル（ＩＣＢＭ）に交換する計画だったが、このあとに起こるキューバ・ミサイル危機では、アメリカ・ソ連の双方がこのミサイル撤去を交渉に利用する運命にあった。

かくしてカリブ海のキューバで、東南アジアのベトナムで、ヨーロッパ大陸のベルリンとモスクワとイタリアとトルコで、共産主義と資本主義それぞれが敵味方に別れて牙をむき、角突き合わせて争う中、一九六二年が明けると、二月三日に、ケネディー大統領が先手を打って〝キューバ全面禁輸〟を指令した。そのため、翌四日にカストロ首相がこれに対抗して第二次ハバナ宣言を出し、「中南米においては今こそ革命を実行しなければならない」とラテンアメリカ諸国に民族主義革命への決起を呼びかけ、二月一四日にアメリカに追随する米州機構からも脱退し、アメリカに対する闘いの狼煙《のろし》をあげて挑発した。

しかしアメリカも二月二〇日にジョン・グレン中佐が搭乗した初めての人間衛星船フレンドシップ7号の打ち上げに成功し、地球を三周してほぼ五時間後に大西洋上に無事着水し、宇宙開発競争でもソ連に追いついた。大陸間弾道ミサイルのアメリカ本土配備では、すでにソ連が追いつけないほど、アメリカがはるかに凌駕《りょうが》していた。

それからほぼ半年後の九月に、ソ連がキューバに対する直接的なミサイル供給を始動させ、一〇月二八日まで、世界を震撼させる〝キューバ・ミサイル危機〟が勃発したのであった。キューバ・ミサイル危機の導火線を敷いたのは、カストロではなく、そもそもの発端はケネディーが仕掛けたカストロたち要人暗殺を実行する〝マングース作戦〟であり、キューバ全面禁輸指令であり、フルシチョフのベルリンの壁構築であった。

キューバへの核ミサイル搬入とスパイ合戦

キューバ・ミサイル危機は、このように刻々と高まる緊張関係をベースとして、具体的には次のように進行した。当時のソ連は、アメリカ政府が総力をあげて続けるキューバ国内での破壊テロ行為を観察し、ワシントンに送りこんでいたスパイからの情報で、「アメリカ政府は、キューバは共産主義国の軍事同盟ワルシャワ条約機構に加盟していないので、米軍がキューバに侵攻してもソ連は干渉しない、と判断している。そのため米軍がキューバに侵攻する日が近づいている」ということを嗅ぎつけた。

カストロも、その危険性を察知して、ソ連に国家の安全を守ってもらいたいと要請をしていた。そこでフルシチョフは、一九六二年五月にキューバに軍事特使を派遣し、米軍がキューバに侵攻する可能性を議論させた。その時、カストロが「米軍のキューバ侵攻はソ連との戦争を意味するのだ、ということをソ連がアメリカに明確に示す必要があるのではないか」と提案したのである。するとソ連特使が初めて、「キューバが保有している通常兵器では、侵攻する米軍に勝つことはできないので、キューバが生き残るには戦略核ミサイルを配備する手段がある」と逆提案した。キューバへのミサイル配備計画を打ち出したのは、ソ連であって、キューバ政府ではなかったのだ!

初めカストロは、キューバがミサイルを配備すればソ連の属国になるので、政治的に面倒な問題が起こることを案じてソ連の提案を拒否した。しかし、事態が切迫しているとの進言を受けて、キューバ国内にCIAが送りこんだ反乱分子によるマングース作戦の破壊活動から、思い当たるところがあるカストロ兄弟、ゲバラ、ドルティコス大統領は、議論を重ねた末、迷いから醒めて、ソ連の提案を受け入れた。

そして翌六月から早速、ソ連のミサイル専門家がキューバに足を踏み入れ、木陰にミサイルを配備して発見されないよう計画を立て、どこに配備するかを決めると、七月三日から一六日まで軍事大臣ラウル・カストロがモスクワを訪問してフルシチョフや国防大臣と会談したのち、ソ連の具体的なミサイル配備計画に仮署名した。この時フルシチョフは、ミサイル配備の完了後について、アメリカ政府が急所を握られたと知って慌《あわ》てふためいても、すでに手遅れで取り返しがつかない事態に陥るようにするため、当分のあいだ公表しないことをキューバに求めた。つまりソ連のミサイル配備は、戦略的にはるかに重要なベルリン問題をめぐって、長距離ミサイルで軍事的に不利だったソ連が、その立場を逆転するために、キューバの地政学的・地理学的な位置を利用して、優位に立つことが真の目的だったのである。小国キューバを守るためではなかったのだ。だが、追いつめられていたキューバの幹部にはその真意が読めなかった。続いて八月にはフィデル・カストロがソ連大使と正式にミサイル配備の協定に署名し、この文書をチェ・ゲバラがソ連に届けて、フルシチョフと最後の詰めを議論した。

かくして八月から実に四万人を超えるソ連のミサイル部隊がキューバに輸送されはじめ、これら部隊員に厳重な箝口令《かんこうれい》を敷きながら、最初は核ミサイルではなく、カムフラージュのため通常の地対空ミサイル施設の建設から着手して、九月二日にソ連・キューバ軍事協定が結ばれ、キューバ政府が「ソ連に軍事装備と、キューバ軍を訓練する技術専門家を求める援助を要請した」と発表した。この九月初めの第一船から一〇月にかけて、八五隻のミサイル運搬船がキューバに到着して、核ミサイル数十基が続々と配備されていったのである。

その間、アメリカはどうしていたかというと、「キューバにやってくるソ連船が、不思議な包みを次々と陸揚げして、その荷揚げはソ連人によっておこなわれ、作業中にはキューバ人が波止場から排除されている」という情報が、キューバの現地からCIAに流れてきた。また、さらにくわしい情報がクレムリンの内部から漏れ出して、今度はその内容がイギリスの情報機関に伝えられた。アメリカ政府内に、「どうやら核ミサイルが、大量にキューバに送りこまれているらしい」という重大な疑惑が浮上した。

ソ連の核ミサイルに関する情報源は、オレグ・ペンコフスキーというソ連軍の参謀本部情報総局（GRU《ゲーエルウー》）大佐の高官であった。二重スパイのオレグ・ペンコフスキーは、ソ連の最高度の軍事機密情報をアメリカ側に五〇〇〇件も提供し、ソ連が国内に配備しているミサイル施設の詳細な図面などをそっくり手渡していたのである。

この情報伝達に使われたルートは、オレグ・ペンコフスキーからイギリス人貿易商のグレヴィル・ウィンに伝えられ、さらにイギリス海外諜報機関MI6《エムアイシックス》のワシントン支部長モーリス・オールドフィールドに流された。オールドフィールドは一一年後の一九七三年に、MI6長官となる大物であった。

アメリカがソ連にスパイを送りこむ一方、ソ連もまた、スターリン時代からアメリカに大量のスパイを送りこんでおり、その数は三〇〇人を超えていた。したがってソ連は、ペンコフスキーがアメリカのスパイであることをひそかに察知していた。この情報伝達ルートのどこかに、別の二重スパイが潜んでいた。今度は逆にイギリス政府が飛びあがって驚いたことに、ソ連のＫＧＢが西側に送りこんだ二重スパイが、イギリス秘密情報局ＭＩ５やＭＩ６の高官内部に潜んでいたのである。この二重スパイ・グループは、後年に全体像が判明することになった。それはドナルド・マクリーン、ガイ・バージェス、キム・フィルビー、アンソニー・ブラント、ジョン・ケアンクロスの〝ケンブリッジ・サークル〟と呼ばれる五人組で、彼らはもともと第二次世界大戦中の反ナチズム思想から出発して、共産主義者やソ連のシンパになって、イギリスの機密情報を扱うＭＩ５・ＭＩ６の最高幹部として働いていた。五人ともケンブリッジ大学の出身で、そこに不思議なクレムリン・グループが誕生していたのだ。

このうちマクリーンとバージェスの二人は、すでに内部で二重スパイの疑いがかけられ、それを仲間のフィルビーに教えられて一九五一年にソ連へ亡命していた。しかしキューバに異常が発生した時点では、まだ第三の男フィルビーが残っていた。彼は疑いをかけられながらも、オブザーバー紙やエコノミスト紙の記者という肩書でＭＩ６のエージェントとして働いていた。このフィルビーがソ連へ脱出したのは、キューバ危機の翌年であり、一九六三年一月二三日の嵐の夜、イギリスからフィルビーが忽然と消え去り、のちに二重スパイだったことが明らかになった。イギリス王室の親戚にあたる第四の男アンソニー・ブラントと、イギリスMI6の暗号解読グループに属していた第五の男ジョン・ケアンクロスも、〝モグラ〟としてまだイギリスとアメリカで活動していた。

またアメリカでは、フランクリン・ルーズヴェルト政権時代のモルゲンソー財務長官の財務次官補ハリー・デクスター・ホワイトや、彼と共にIMF（国際通貨基金）を設立したラフリン・カリー、またルーズヴェルト大統領の側近だったアルジャー・ヒスらが共産主義国家のスパイとして摘発されてきた。こうして西側がクレムリン内部の情報を絶えずキャッチし、東側もまたアメリカのホワイトハウスとイギリス首相官邸ダウニング街一〇番地の情報を絶えず耳に入れ、奇怪なことにその両者の情報が互いに交差するひとつの十字路を通過しながら、東西の壁を抜けて行き交っていた。二重スパイ同士によるダブル・クロス・コネクションであった。

一九六二年当時、彼らの情報が伝える最大のキーワードは、「キューバ」の一点に集中していた。「ソ連の核ミサイルがキューバに持ちこまれている――そしてそれを西側がすでに知っている」という事実を、さらにクレムリンがすでに知っているという三重の情報構造が、キューバ危機直前の状況であった。ソ連はアメリカがキューバへのミサイル配備に気づいたらしいと感知したので、公式には「キューバに輸送しているのは防衛用の兵器であって、攻撃用のミサイルではない」と否定し続けた。ソ連は、ペンコフスキーがアメリカのスパイだという身元を知って以来、彼を泳がせてアメリカとの情報網を追及していたからである。ところがある日、ペンコフスキーからアメリカへの音信が途絶えた。

八月に、ソ連がキューバにミサイル施設の建設を始動させた頃、アメリカのスパイ偵察機U2がキューバ上空を飛行し、ミグ戦闘機や地対空ミサイル関連施設とおぼしきさまざまな攻撃兵器をキャッチしたので、CIA長官マコーンがケネディー大統領に「ソ連がキューバに弾道ミサイルを搬入してアメリカ攻撃態勢に入った可能性がある」と進言した。それを聞いたアメリカ政府が疑心暗鬼にとらわれるうち、八月三〇日にこの偵察機U2が日本の北にあるソ連領サハリンに誤って領空侵犯したため、ソ連から激しい抗議を受けて、アメリカ政府は謝罪しなければならなかった。その後、中国西部でもU2が行方不明になる事件が発生したので、キューバ上空でU2が撃墜されることをおそれた国務長官ディーン・ラスク（元ロックフェラー財団理事長）らが、九月初めからキューバ上空でのU2の偵察飛行を厳しく禁止したのである。

ちょうどその偵察空白期間となった九月初めから、ソ連がキューバに水爆の弾頭を搭載できるミサイル本体の搬入をはじめたのだ！　一〇月七日の国連総会でキューバ大統領ドルティコスが、「もしキューバが攻撃されるなら、われわれは自らの手でわれわれを守るであろう。くり返す。われわれは充分にキューバを守ることができる手段を持っている」と演説した。のちにこれがミサイル配備の宣言であったことが判明するのだが、この時点では、CIAが偵察衛星コロナを使っても悪天候のためキューバの写真が撮影できず、キューバに関する不確実な情報が山のように飛びかって、CIAとケネディー政権は何を信用してよいのか結論を下せず、ソ連がそれほど危険な行為をするはずはないと楽観的な見通しを抱いていた。

キューバ・ミサイル危機で全世界が震撼

しかし一九六二年一〇月に入って、ペンタゴン情報局のミサイル解析班が、八月に撮影したキューバの地対空ミサイル施設の配置が、ソ連国内にある大陸間弾道ミサイル施設の配置とまったく同じであることに気づき、驚いてU2によるキューバ上空の偵察を再開する許可が下された。そして一〇月一四日になって、U2が好天のキューバ上空から一〇〇〇点近い多数の高精度写真撮影に成功し、キューバに碇泊中のソ連船と港周辺および森林地帯に存在する異常物体が、核ミサイルであることを確認した。

これらの鮮明な写真から、射程距離二〇〇〇キロの準中距離弾道ミサイル（MRBM）がキューバの西部と中央部に、そして三七〇〇キロの中距離弾道ミサイル（IRBM）がハバナ周辺とキューバ中央部に、大量に確認されたのだ。キューバからホワイトハウスまで一八〇〇キロ、キューバ西端からアメリカ西海岸まで四〇〇〇キロ余りだから、これらが一斉に発射されれば一瞬にしてアメリカ全土が廃墟になるのである。初めて核ミサイル配備の確証をつかんだ情報機関は色めき立った。

翌一五日に、スパイのペンコフスキーから得ていたソ連のミサイル資料と、これらの写真を突き合わせたところ、間違いないことが確認された。もはや疑う余地は一点もなかった。この最重要機密の発見は、CIAから国務省および大統領補佐官マクジョージ・バンディー（国家安全保障担当）に伝えられ、さらに深夜、国防長官マクナマラに伝えられた。バンディーの兄は、NATO（北大西洋条約機構）を設立したタカ派国務長官ディーン・アチソン（軍需産業デュポンの顧問弁護士）の女婿《むすめむこ》であり、マクナマラは元フォード自動車（ベトナム戦争利権企業）社長で、バンディーはこのあとフォード財団の理事長となる男であった。彼らは、プライヴェートな世界でも一体となって、ベトナム戦争で殺戮を推し進める軍事利権集団であった。

一〇月一六日朝、バンディーがケネディー大統領に偵察写真を見せて、キューバに核ミサイルが配備された事実が確認されたことを伝え、この日から〝キューバ・ミサイル危機〟に突入したのである。ただちにケネディーの大統領令で、国家安全保障会議（NSC）に統合参謀本部議長マクスウェル・D・テイラー将軍ら軍部を含む一四人の重要メンバーが召集され、エクスコム（EXCOMM）と命名された最高幹部会議が設立され、事態は一挙に動き出した。テイラー将軍は、ジョン・D・ロックフェラー三世が取締役をつとめる「リンカーン・センター」の社長として、ロックフェラー家に仕える軍人であった。

キューバ全土に建設されたミサイル基地

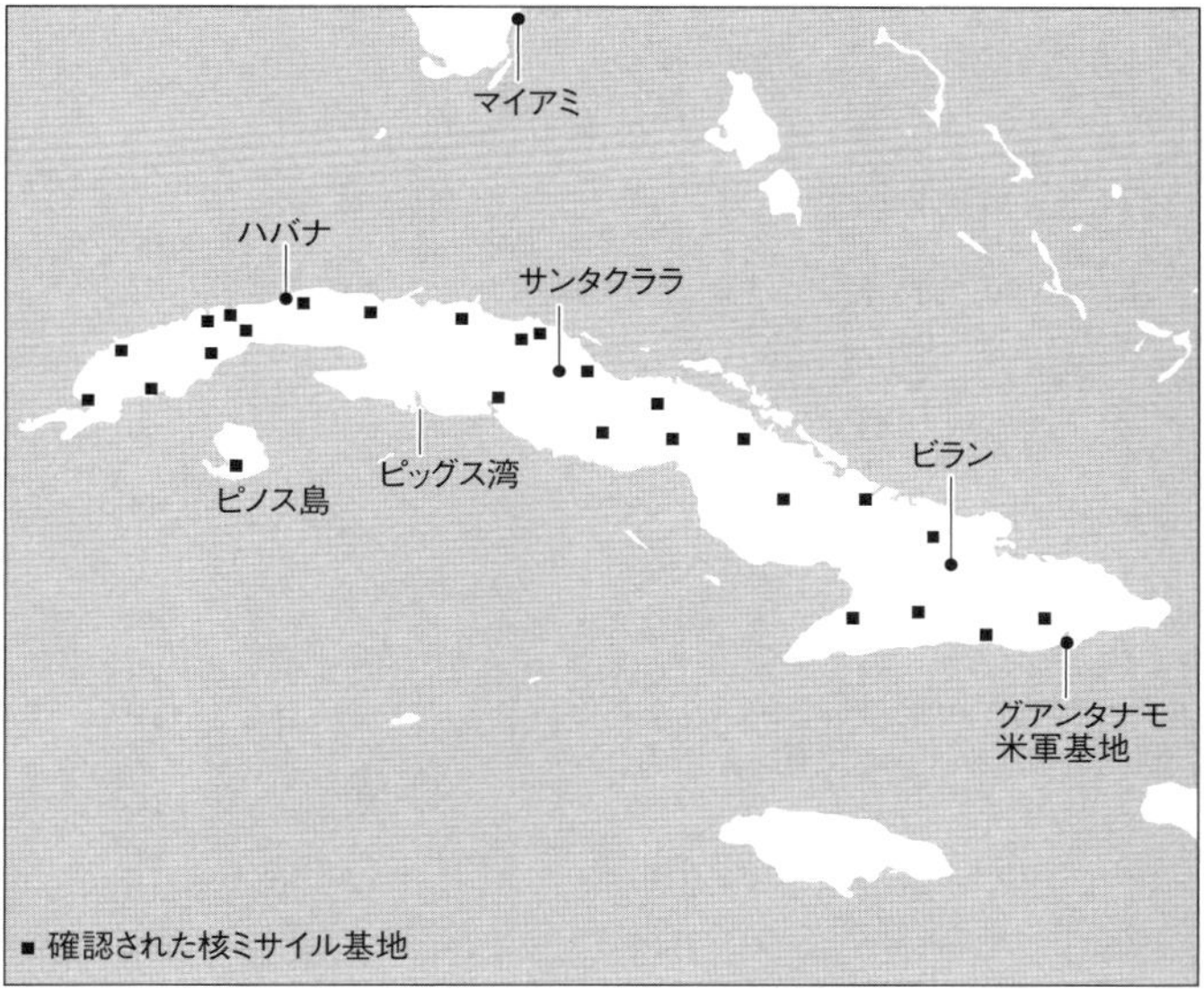

エクスコム会議では、参加者それぞれの立場から議論が沸騰したが、アメリカ防衛に責任がある軍部首脳は、全員が異論なく、キューバへの空爆によってミサイル基地の即時破壊を強く主張した。だが大統領ケネディーは、それによってベルリンなどの世界的な政治情勢がどのように動くかを考え、フルシチョフを追いつめると全面核戦争の危険性を高めることをおそれた。ソ連の出方が不明である現在、羅針盤なしの航海に出ることにはOKを出せなかったのである。司法長官ロバート・ケネディーは、無警告の攻撃開始は真珠湾攻撃と同じで、全世界から非難を浴びるとして反対した。国防長官マク

ナマラもまた、核弾頭数のミサイル・バランスではアメリカのほうがソ連よりはるかに優位にあるという理由から、キューバ全面攻撃には賛成しなかった。こうして日夜、外交や秘密交渉によって解決する方法を含めて、さまざまな意見が闘わされた。

三日目の一八日になって、ケネディー大統領に対してソ連の外務大臣アンドレイ・グロムイコが面会を求めてきたので、直接会って腹を探ることにした。ケネディーがキューバの核ミサイル配備を知っていることを伏せて会談すると、グロムイコは「キューバにあるのはすべて防衛用の兵器だけである。アメリカ国民に恐怖を与えるつもりはない」とシラを切った。

ソ連のこの態度を見て、外交交渉での解決は不可能という判断が下された。もはや残された手段は、軍事的な戦略を駆使するほかなく、軍部に具体的な作戦を検討させた結果、全面攻撃か、海上封鎖か、二つの選択肢が残った。だが、まさかソ連がキューバに大量の核ミサイルを配備するとは本気で考えてこなかったので、この緊急事態においては残された時間がなく、全面攻撃をすぐに実施するには準備不足であることが明らかとなった。最終的に、海上封鎖によってソ連の出方を試す賭けに打って出て、それでも解決されない場合には全面攻撃の選択肢を残すことが決定された。国際法上は海上封鎖は戦争行為となるので、「攻撃兵器の隔離」の言葉を使うことにすれば、ソ連がただちに反撃に出ることはない、との判断であった。

行動開始を月曜日に選んで、七日目の二二日の午後に、西側同盟国のイギリス、西ドイツ、フランス、カナダ、イタリア、インドの首脳にアメリカ政府の意向を伝え、海上封鎖への支持を取りつけた。アメリカ議会の幹部にも初めて事情を伝えたところ、彼らはキューバに対する攻撃開始を求めて、大統領の決定に不満であった。

こうして一九六二年一〇月二二日夕刻七時に、ケネディー大統領が国民に向けてテレビで演説し、「ソ連はキューバにミサイル基地を建設中である。この攻撃用施設の建設を停止させるため、キューバ向け船舶を海上で完全隔離する。キューバをめざす船舶に攻撃用兵器の積載が確認された場合、引き返させる」との緊急声明を発表した。ソ連のベルリン封鎖とは意味が異なることを強調しつつ、キューバの実質的な海上封鎖を命令し、全世界の米軍に厳戒態勢をとるよう指示した。これが、キューバ危機が全世界に伝えられた瞬間であった。

ケネディー大統領の発表がなされたこの二二日に、ソ連がペンコフスキーを逮捕したのである。キューバに配備された核ミサイルは、その飛行距離と数量から判断して、アメリカのほとんどの主要な大都市を破壊することが可能なものだったから、確かにアメリカとしては国家消滅の危機に立たされていた。しかしケネディーの演説は核戦争危機の幕をあけたにすぎず、国際的な反応が火を噴きはじめた。カストロは、キューバは自己防衛する権利を持っており、キューバにあるのはすべて防衛用の兵器であると主張した。彼の立場からすれば、それは正しかった。ソ連と対立していた中国は「キューバ人民の味方である」と意味深長な声明を出した。

ローマ法王はクレムリンに対して、「すべての政府が人類の平和を求めている叫び声に、耳を傾けてくれるよう懇願する」と訴えた。アメリカに追随する米州機構は、キューバから核ミサイルを撤去する措置を認めることを決議した。

ソ連ではフルシチョフ首相が、ケネディー大統領に負けずに強硬策をとり続け、翌日一〇月二三日、ソ連全軍に休暇の取り消しを命令して戦争準備態勢をとらせ、東側の軍事同盟国、ワルシャワ条約機構軍に警戒態勢をとるよう発令した。最大の危機に直面した現地キューバでは、核弾頭を搭載した中距離弾道ミサイルの発射準備が完了し、カストロ、ゲバラたちが指揮を執り、全土が防衛態勢に入って、三〇万人が武装して配置についた。

この時、ゲバラの脳裏には、一九五九年に最初の外遊に出た時に日本の広島原爆資料館を訪れ、さらに原爆病院にまで足を運んで白血病などの原爆症に苦しむ何百人もの被爆者を固唾《かたず》を呑んで見守った日の記憶が甦っていたに違いなかった。原爆病院でぼろぼろと涙を流し、被爆者を抱きしめたのがゲバラであった。そこで見聞した核兵器の残虐性を、帰国後にカストロに伝えていた彼は、いまアメリカの攻撃開始に備えて、決死の覚悟を胸に固めたのである。

すると一〇月二四日午前一〇時に、アメリカが大量の艦船を動員して海上封鎖の実施に踏み切り、キューバを完全包囲し、いよいよ〝全面核戦争〟の最終的危機に突入した。フルシチョフはアメリカの〝あからさまな海賊行為〟を許さないとケネディーに書簡を送ったが、一方で、

広島の平和記念公園で献花をおこなうゲバラ一行。右から三人目がゲバラ。彼は滞日の予定を変更して祈りを捧げにやってきたという。1959年7月25日。中國新聞社提供。

キューバに向かっていたソ連船は、アメリカの艦船と衝突しないよう封鎖線の手前で引き返す命令を受けた。ウ・タント国連事務総長は、米ソ両国が体面を保つために引けない立場にあると見抜いて、仲介役を買って出ると、米ソに対決を避けるよう調停を呼びかけた。

地球上の全生命が消える危機を迎えて、一〇月二三日からアメリカの要請で開かれていた国連の緊急安全保障理事会で、二五日になってアメリカの国連大使アドレイ・スティーヴンソンがソ連の国連大使ヴァレリアン・ゾーリンに向かって、初めてキューバのミサイル配備写真を突きつけ、答えられないゾーリンを問いつめると、全世界の世論は一挙にアメリカの味方についた。ケネディーは表面上、フルシチョフが嘘をついてきたことを非難する態度を崩さなかった。米軍は一〇月二六日に爆撃機の発進態勢をとり、大陸間弾道ミサイルも発射態勢に入って、最終的に最高度の危険なレベルに入った。その動きを知ったフルシチョフは、「キューバに配備したすべての手段は防御的な目的だけのものであることを保証する。これらを送ったのは、キューバ政府の要請があったからである」と嘘をつき、ケネディーに書簡を送って核戦争回避の意志があることを伝え、米ソ首脳が表面上は国連事務総長の平和的調停案を受諾するかに見えた。

しかしアメリカとソ連の双方とも、核戦争を回避する具体的な解決策がなく、手詰まりとなったままであった。ここで、ワシントンに駐在していたKGBのアレクサンドル・フォーミンが、アメリカABCニュースの特派員ジョン・スカリに接触を求め、ケネディー兄弟の戦争回避政策をクレムリンに伝える裏交渉をもちかけた。フォーミンはアレクサンドル・フェクリソフの暗号名でワシントンのKGB司令官をつとめていた。しかも彼はフルシチョフの腹心の友であり、過去一九四〇年代には、ソ連の原爆スパイとして電気椅子で処刑されたジュリアス・ローゼンバーグと五〇回以上も接触した人物とされているので、彼の登場は状況を一変させた。この裏交渉で出されたのは、「アメリカがキューバに対して今後一切、軍事攻撃をしないことを約束する」なら、「ソ連がキューバからのミサイル撤去を国連の監視下でおこなう」ことを取り引きしようという提案であった。司法長官ロバート・ケネディーがこの提案を受けて、核戦争を回避する意志がある、との長文の手紙をフルシチョフ宛てに書いた。

すると一〇月二七日に、フルシチョフがケネディーに対して、「ソ連のキューバからのミサイル撤去と、イタリアとトルコに配備されて、ソ連を射程に入れている米軍ミサイルの撤去」を交換条件として提案したことが、モスクワ放送を通じて発表された。

解決の糸口は見えてきた。こうして最高度の緊張状況にあった危機の解決に一筋の光明がさしたと思われた一〇月二七日、朝のことであった。キューバ東部バネスで、高空を飛ぶ米軍のU2偵察機をソ連のミサイル部隊が撃墜し、パイロットが死亡したのだ。このパイロットこそ、一〇月一四日に最初にキューバのミサイル配備写真を撮影することに成功した兵士であった。

この事態に、国防長官補佐官ポール・ニッツが、ソ連への核攻撃も辞さない強硬論を吐き、統合参謀本部議長マクスウェル・テイラーと、空軍参謀総長カーティス・ルメイらのペンタゴン制服組が、次々とソ連への先制攻撃論を展開して、核戦争危機は振り出しに戻った。ポール・ニッツは、スタンダード石油最高幹部プラット家の女婿であった。

カーティス・ルメイは、第二次世界大戦末期に日本への大空襲を指揮し、広島・長崎への原爆投下を命令した空軍元帥として「皆殺し」の異名をとり、日本の航空自衛隊の強化に尽力した人物であり、ケネディー大統領に「七〇〇〇メガトンの核爆弾をソ連に投下せよ」と迫った。これは、広島原爆の四六万発分というトテツモナイ核攻撃の計画であった。この時、沖縄の米軍基地には嘉手納《かでな》弾薬庫を中心に、全世界を破滅できる一〇〇〇発の核弾頭ミサイルが搬入されており、すでに発射準備態勢に入っていた。

しかし過去にペンコフスキーからアメリカに伝えられていた情報が、「ソ連の核兵器はアメリカがおそれるほどのものではない」と示していた事実をもとに、ケネディー大統領は、激昂する米軍幹部のソ連に対する先制攻撃論をおさえ、その一方で、駐米ソ連大使ドブルイニンに直接会って取り引きするよう弟ロバート・ケネディーに指示した。ロバートがひそかにドブルイニンに会って、表面上はキューバのミサイル撤去が先だと主張しつつ、「あくまで公式ではない話であるが」と断って、「半年先のトルコとイタリアからのミサイル交換撤去を受け入れる」と伝え、ドブルイニンがそれをフルシチョフに伝達した。

キューバ危機発生から一三日目の一〇月二八日になって、フルシチョフがついに譲歩してキューバ国内からの攻撃兵器撤去を指令し、「アメリカがキューバに侵略攻撃をしないことを信じて、国連の監視下で核ミサイルを撤去する」とモスクワ放送を通じてケネディー大統領に伝え、ついに核戦争の危機を回避することに成功したのである。

その二日後の一〇月三〇日〜三一日に、国連のウ・タント事務総長が、ソ連のミサイル基地を査察する大規模な代表団と共にキューバを訪問し、カストロ首相と会談したが、カストロは、「キューバは独立した主権国家であり、平和を望んでいる。アメリカがキューバに対する経済封鎖をやめ、破壊行為をやめ、フロリダの亡命グループによる軍事攻撃をやめ、領空侵犯をやめ、グアンタナモ基地をキューバに返還するという五つの条件に同意するならば、平和が達成されるのだ」と主張した。キューバの頭越しにアメリカとソ連が勝手に取り引きして、ひと言もソ連から相談を受けず、考えたこともないミサイル撤去というソ連の裏切り行為にカストロは激怒しており、国連の監視下での撤去を拒否した。

またしても危機が振り出しに戻りそうになったので、キューバ経済の財布を握るソ連のミコヤン副首相がキューバに派遣され、カストロの怒りを鎮めるため会談を求めた。一一月二日からの会談を通じて、ミコヤンは、ソ連の経済支援によってキューバの財政が成り立っていることを強調して同意を求め、キューバに派遣されているソ連のミサイル部隊四万二〇〇〇人を教育旅団の名でキューバに残し、米軍にキューバ侵攻はさせないと約束して、カストロにミサイル撤去を認めさせようとした。だが、怒ったカストロが納得しないまま、ミサイルは八隻のソ連艦の甲板に積みこまれ、撤去が開始されたのである。ソ連艦が海上に出ると、米軍のヘリコプターと船舶が接近し、積載物のカバーが取り外されて、査察がおこなわれた。こうして一一月五日から九日にかけてソ連艦がキューバを離れ、アメリカ国防総省がキューバからのソ連のミサイル撤去を公表した。さらに一一月二〇日には、核爆弾を搭載できるイリューシン爆撃機のキューバ撤去にソ連が同意し、アメリカが海上封鎖を解除してキューバ危機が「完全に終結した」のであった。

ソ連が撤去しなかった唯一のミサイルは、地対空ミサイルだけであった。アメリカのスパイだったペンコフスキーは、ケネディー大統領がキューバ危機をテレビで全世界に伝えた日にソ連によって逮捕されたあと、翌年一九六三年五月一六日に処刑された。

ミサイル危機の教訓

このキューバ危機を受けて、偶発核戦争を避けるため、翌年一九六三年八月三〇日に、アメリカのホワイトハウスとソ連のクレムリンとの間に直通電話回線の〝ホットライン〟がもうけられた。だが、待て。その後、米ソが直接対決を避ける平和共存路線に走ったから、世界は平和になったのか？　キューバ危機を題材にしたハリウッド映画の題名にもなった一〇月一六日から二八日までの〝一三日間〟におこなわれた以上の経過を解析し、誰がどうした、こうした、誰が核戦争をくい止めたか、といった議論をする前に、人間として語るべきことが、ほかにあるのではないのか？

フィデル・カストロは一九六二年に「キューバ・ミサイル危機」を引き起こした人物とされるが、これまで見てきたように、実際に核戦争の危機をもたらしたのは、アメリカとソ連であった。アメリカからキューバ破壊工作や自分の暗殺を何度も仕掛けられた彼は、キューバへの米軍侵攻を目前にして、ソ連の提案を受けて核ミサイルを導入しただけである。これを探知したアメリカが「海上封鎖」をしてソ連に対抗したことが、核戦争の危機を招いたのである。「危機」はこうして米ソが人為的に引き起こしたものであった。

アメリカとソ連は、イタリアとトルコからのミサイル撤去と、アメリカがキューバに侵攻しないことを正式に保証する協定文書を秘密に取り交わしながら、フルシチョフはイタリアとトルコからのミサイル撤去をカストロに一度も説明しなかった。

フルシチョフはこの危機収拾の機会に、キューバに対するアメリカの横暴な経済制裁を停止させることができたはずではないか。アメリカが「キューバに配備されたミサイルは危険だから撤去しろ」と主張し、ソ連もまた「イタリアとトルコに配備されたミサイルは危険だから撤去しろ」と主張したのに、「キューバ国内にある米軍のグアンタナモ基地はキューバにとって危険ではない」と言うのか！　米軍基地をキューバに返還させないのは、なぜなのか！　キューバの国防と経済をソ連は何も考えていないのだ！　とカストロとゲバラの怒りはおさまらなかった。

キューバ危機が全人類に与えた教訓は、アメリカもソ連も、いずれも帝国主義の国であり、身勝手な思考によって他国を危険にさらしている、という事実ではなかったのか？　ミサイル危機の時、フィデル・カストロは「核兵器は先制使用しないと意味がない」との言葉を残していた。この発言は勿論、アメリカが広島・長崎に原爆を投下して罪もない市民を無差別殺戮したことに烈しい憤りを抱いていたカストロにとって、本心とは正反対のものであった。ミサイル危機でキューバに断りなくミサイルを撤去したソ連に対するあてつけとして語ったものであった。だが、使えない兵器には価値がない、ということの言葉は、一面で軍事的真理をついていたのである。カストロの皮肉通り、強大な両国が、「キューバ危機」で米ソ両国の核兵器が飛び交う結果を招いていたなら、現在のこの地球は存在しなかったのだ。保有する核兵器を使って戦端を開けば、地球上の全人類が死滅していたのだから、何のために核ミサイルは存在するのか？　事実上、使い道がないガラクタである、ということが明らかになったのだ。

つまり核ミサイルは、ただの威嚇用にすぎなかったのだ。威嚇用であるなら、内部に核爆弾を持たずに、ただ金属製の筒にペンキを塗って並べ、核ミサイルだと宣伝すればよいだけではないか。それらの核弾頭が何万発に達しようと、棒切れ一本の価値もない無用の長物を〝最強の兵器〟と信じて軍備に大金をかけて増強することの愚かさ……核兵器の覇権争いを続ける軍国主義者たちの虚名にすぎない発想……それを明白に実証し、流れる雲のように虚しく消えたのが、キューバ・ミサイル危機であったのだ。論ずるにも値しない北朝鮮の金正恩《キムジョンウン》だけでなく、すべての核兵器保有国には、まだそれが分らないのだ。

しかし革命によって生まれたキューバ政府には、それではすまない深い傷痕が残された。それこそが重大であった。というのは、この米ソ共存政策がスタートしたため、ソ連共産党の方針に従うラテンアメリカ諸国の共産党が、自ら武装闘争を放棄するという敗北主義に陥ったため、キューバ政府が求める民族主義的な運動が長期間にわたって停滞したからである。

このように民族主義闘争を忘れることは、ゲリラ戦士として単身で巨象アメリカに立ち向かい、貧困を克服しようと日夜心身を傾けて取り組み、精魂の続く限り東奔西走・南船北馬の活動に没頭してきたカストロとゲバラとその同志にとって、絶対に許しがたいことであった。

核兵器が爆発寸前となったブロークン・アロー事故

こうして一九六〇年代から、米ソ両国とも、相手が核兵器を先制使用するのではないか、と本気で不安を抱き、絶えず開戦に備えるようになった。コロラド州コロラドスプリングスのピーターソン空軍基地に司令部を置く北米航空宇宙防衛司令部（NORAD）では、核兵器を搭載する大陸間弾道ミサイル（ICBM）の監視レーダーを二四時間作動させて、ソ連の核攻撃に備えた。この監視レーダーは、ソ連に隣接するアラスカ州をはじめ、グリーンランドやイギリスにも設置してあった。このようにアメリカは、ソ連に対する包囲網を備えた。ところがその監視レーダーが突然故障し、各地の装置が一斉にダウンしたのだ。

この事件が起こったのは、キューバ危機から五年後の一九六七年五月のことで、以下のような経過をたどった。アメリカ軍部は、監視レーダーの故障がソ連による妨害電波によるもので、〝先制攻撃開始〟のサインだと疑った。アメリカに向けてソ連の大陸間弾道ミサイルが空中を飛べば、防御する時間はほとんどない。こうした核戦争がはじまる脅威は、一九六四年にスタンリー・キューブリック監督が放った傑作映画『博士の異常な愛情』や、同年のシドニー・ルメット監督の『未知への飛行』に描かれた通り、核ミサイルを担当する軍人や科学者の狂気や、計器の誤作動さえあれば、いつでも起こり得る。一九六七年に監視レーダーが突然故障した時、アメリカの空軍は核報復爆撃をおこなう攻撃準備態勢に入ったのである。

ところが太陽の異常現象にくわしい学者によると、レーダーの異常を調べるうち、原因は「磁気嵐」であることが判明した。太陽に黒点が多数出現したため、フレアと呼ばれる爆発現象が発生し、太陽から放出された大量の高エネルギー粒子が地球に飛来して、地球を取り囲む磁気圏が大きな影響を受けたのである（この太陽フレアは、本書執筆中の二〇一七年九月にも起こった）。アメリカ空軍はソ連攻撃のための戦闘機を発進させる寸前だったが、アメリカ南部でもオーロラが見えたほどのきわめて稀な磁気嵐が原因だと判明して、間一髪でソ連攻撃は直前に中止されたのである。

こうした核戦争や核爆発を引き起こす寸前でくい止められた事故は〝ブロークン・アロー事故（折れた矢）〟と呼ばれ、一九五〇年以来、三二件も発生しているとされるが、かなりのケースは秘密に処理されて公開されていない。判明している事故の代表的なものを、以下に記録しておく。

★一九五〇年二月一四日、アメリカのアラスカ州で、原爆を搭載して飛行中の爆撃機B36が墜落した。当初、搭載されていた原爆は機体ごと海中に没したと思われていたが、一九五三年になって、カナダ西部のブリティッシュ・コロンビア州北部の地上に激突して、核弾頭が放り出された状態で発見され、回収された。

★一九五六年三月一〇日、ジェット戦略爆撃機B47がアメリカのフロリダ州の空軍基地を発ってアフリカのモロッコに向けて飛行中、空中給油によって無着陸飛行を続けることにしていたが、厚い雲の中を降下する時、高度四三〇〇メートルのところで給油に失敗し、二個の核物質を積載したまま、地中海に墜落して行方不明となった。

★一九五七年×月×日、アメリカのニューメキシコ州で、飛行中のB36に搭載されていた水爆が落下したが、幸運にも水爆は起爆せず、のちに回収されたとされる。事故の詳細は不明である。

★一九五八年二月五日、アメリカのジョージア州サヴァンナ近くのタイビー島で、空軍のB47が訓練中、F86戦闘機と衝突して三・四トンの核爆弾を放出したため、海中に落下してしまい、捜索したが発見されないままになっている。

★一九五八年三月一一日、アメリカのサウスカロライナ州マースブラフで不注意によって核兵器が住宅街に投下される事故があり、住宅が破壊される大事件となり、空軍が被害者から損害賠償で訴えられた。
★一九五九年一月一八日、日本の福岡県板付《いたづけ》基地所属のアメリカ第八戦闘戦術団所属の核兵器搭載戦闘機が、ソ連のウラジオストックを攻撃目標として、韓国で核攻撃を訓練中、韓国の烏山《オサン》米軍基地で墜落した。原因は、実戦演習のエンジン始動ボタンが押されると同時に爆発が起こり、七五〇リットルのタンクが破裂して燃え上がったためで、この事故で核爆弾の一部が溶け、起爆部も焦げてむき出しになった。この航空団は、十数機以上が烏山基地に常時配備され、核爆弾投下訓練をおこなっていたが、在日米軍基地も米軍の不沈空母として一体で運用されていた。ちょうど日米安全保障条約の改定準備中だったため、アメリカはこの事故をずっと隠し続けた。
★一九五九年六月一九日、沖縄の那覇《なは》近くの米軍基地で、誤ってナイキ・ミサイルの発射エンジン始動ブースターに点火して、核ミサイルが発射されてしまったが、幸いにも海に突っこんで爆発せず、極秘に回収され、アメリカはこの事故も隠し続けた。
★一九六〇年一〇月二四日、ソ連のバイコヌール宇宙基地で大陸間弾道ミサイルの試験打上げ時に発射台で爆発事故が起こり、大惨事が発生した。

★一九六一年一月二四日、アメリカのノースカロライナ州ゴールズボロのシーモア・ジョンソン空軍基地を飛び立った爆撃機Ｂ52が墜落し、搭載されていた水爆二発が落下して、爆発寸前となる事故が発生した。ペンタゴンの発表によれば、「ノースカロライナ州ゴールズボロ上空で、警戒中のＢ52が空中で分解し、二つの兵器が機体から脱落。一つの爆弾はパラシュートで落下し、軽い損傷ですんだ。もう一つは、そのまま落下し、衝撃で壊れた。搭乗員八人のうち五人は助かった」とされたが、この発表は嘘であった。

爆発物処理にあたった兵士ジャック・レベルの証言によると、「この爆撃機は、二つの水爆を積んでいた。落下して行方不明だった水爆の一つは、木と木のあいだに刺さっていた。もう一つは、八日後に、起爆装置がオンになって沼地の地中で発見された」という。イギリスの〝ガーディアン紙〟の二〇一三年の報道によれば、「水爆の四つの起爆装置のうち、三つは破壊されており、かろうじて残り一つが爆発を防いだ」とされている。この水爆は、広島原爆の二〇〇倍以上だったので、爆発していれば、ノースカロライナ州の東側が消失して、八〇〇万人が死んでいた。

★一九六一年三月一四日、核爆弾を積んだストラトフォートレス戦略爆撃機Ｂ52が、アメリカのカリフォルニア州サクラメント近くの空軍基地を発ったが、減圧状態になって制御不能に陥り、高度を下げる必要に迫られて、燃料が急速に失われて低空飛行した。墜落の危険が迫って飛行士が脱出したため、機体は無人のままカリフォルニア州ユバ市の西方二四キロメートルに墜落・激突し、四個の核爆弾が機外に放り出された。かろうじて起爆防止装置が機能して爆発を免れた。

★一九六二年一〇月一六日〜二八日、前述の米ソ対立キューバ・ミサイル危機。

★一九六四年一月一三日、アメリカのメリーランド州ギャレット郡サヴェージマウンテンで、核爆弾二個を搭載したB52が冬のストームに巻きこまれ、乱気流の中で高度を保つことができなくなり、墜落した。回収された核爆弾は中規模の破壊ですみ、事なきを得た。

★一九六五年一二月五日、ベトナム戦争の作戦区域から日本の横須賀に向けてアメリカの空母タイコンデロガが航行中、九州の鹿児島県奄美大島沖の喜界島《きかいじま》の南東一五〇キロメートルで、水爆を搭載したA4Eを格納庫から飛行甲板に移動させるためエレベータに載せようと整備員が手押ししていた時、勢い余って海に転落させてしまった。爆弾と機体は水深五〇〇〇メートルの深海へ水没したため、搭乗していたパイロットも、機体も、核爆弾も、海底に没したまま回収は断念されたままになっている。

★一九六六年一月一七日、スペインの田舎町パロマレスに突然、核弾頭が降る事故が起こった。それは上空を飛行していた米軍機の落下物であった。四発の水爆を搭載したB52が、給油機から空中給油を受けていた時に給油機と衝突し、海中に墜落した。搭載していた四個の水爆のうち二個は地上に落下し、かろうじて爆発は免れたが、プルトニウムが飛散して放射能の大汚染を引き起こした。一発は回収されたが、残る一発は海中に没したと見られ、行方不明のままである。ギリシャ映画の名匠マイケル・カコヤニスが製作・監督し、キャンディス・バーゲンが出演した映画『魚が出てきた日』は、この事件を題材に、舞台をスペインからギリシャに置き換えて、放射能の恐怖をセミドキュメンタリータッチで描いた名作である。

★一九六七年五月、前述の「磁気嵐」による厳戒態勢事故。

★一九六八年一月二一日、アメリカの戦略爆撃機B52が水爆四個を積んで飛行中、デンマーク領グリーンランドのチューレ空軍基地の上空で火災が発生し、機体はチューレ基地西方の氷上に墜落して大破し、炎上した。この衝撃により、水爆に搭載されていた爆縮用通常火薬が起爆した。幸運にも核爆発には至らなかったが、大量の放射性物質が飛散し、炎で溶けた氷と混じり合って大規模な放射能汚染を引き起こした。

★一九六九年一月一四日、ハワイのホノルル沖にいたアメリカの原子力空母エンタープライズで、発艦準備中の戦闘機F4ファントムの排気によってロケット弾が加熱されて爆発し、二六人が死亡した。

★一九八〇年六月三日、ソ連の核攻撃に備えていたアメリカのコンピューターが故障して、三分間にわたって、対ソ核戦争の非常警戒態勢に入った。

★一九八〇年九月一八日、アメリカのアーカンソー州ダマスカスで、大陸間弾道弾（ICBM）のタイタン・ミサイルがミサイル発射台で爆発した。

★一九八三年九月二六日、危機一髪で米ソ核戦争が回避された。この年九月一日にソ連領内に侵入したニューヨーク発ソウル行きの韓国・大韓航空機をソ連の空軍機がミサイルで撃墜し、議員一人を含むアメリカ人六二人など、乗員乗客二六九人全員が死亡し、米ソの緊張が極度に高まった。この事件後ほどなく九月二六日、ソ連軍施設内のコンピューターがアメリカからソ連に向けて飛来する一発のミサイルを識別し、さらにミサイル四発が識別され、米軍の核ミサイル五発がいずれもソ連に向けて飛来しつつあるとの警報音が鳴り響いた。ところがこの時、ソ連軍の当直将校で戦略ロケット軍の中佐だったスタニスラフ・ペトロフは、「米軍の攻撃開始であるならソ連の反撃力を殲滅《せんめつ》するため数百発のミサイルを同時発射するはずであり、五発は少なすぎる」と判断し、誤警報と断定した。そして、〝ソ連への核ミサイル攻撃を認めた場合には即時上官に通報してアメリカ合衆国への核攻撃をしなければならない〟という軍の服務規程に違反して、軍上層部につながる電話器をとらなかった。監視衛星システムに対する調査の結果、システムの誤作動であることが判明し、事実、米軍からの攻撃も一切なかった。システム誤作動の原因は、七〇〇〇〜一万メートル前後の高高度の雲に射しこむ日光が、ソ連の核ミサイル監視用人工衛星の軌道と一列に並んだためであり、ソ連のミサイル警報システムの致命的な欠陥が明らかになった。電話連絡していれば、報復核攻撃による米ソ核戦争が開始された可能性が高く、ペトロフ中佐の決断はアメリカ合衆国に対する偶発的な報復核攻撃を未然に防ぐ決定的な役割を果たしたが、ペトロフは叱責されて軍を退役しなければならなかった。

★一九八六年一〇月三日、大西洋のアメリカ東部沿岸をパトロール中のソ連の原子力潜水艦が、核弾道ミサイル一六基を積載したまま真っ赤に火を吹き上げる大火災を起こした。ミサイル推進部分が爆発したと見られ、三日後に沈没した。

★一九八九年四月七日、ソ連の核ミサイル攻撃型の原子力潜水艦がノルウェー沖で火災を起こし、沈没して四二人が死亡した。

以上の記録から一目瞭然、キューバ・ミサイル危機は、人類全体の目から見れば、世界を核爆発の恐怖に手招いた事件のわずか一例であったことが歴然としている。それでも、カストロとゲバラは、長時間にわたって死刑台にしばりつけられた死刑囚のような体験をさせられた当事者だったのだから、このままですむわけはなかった。

第五章　生き続けたキューバ革命の民族主義

キューバ人の怒りが向かった矛先

一九六二年のキューバ・ミサイル危機から、現在まで五〇年以上の時を刻んだが、その半世紀のあいだ、キューバにはどのような変化があったのだろうか。半世紀を単純化して、本書に残された短い頁に書き出すことは到底不可能なので、重要な出来事だけを以下に述べる。

読者最大の関心は、固く結ばれたフィデル・カストロとチェ・ゲバラという社会主義革命の同志が、どのような思想的理由から訣別して、ゲバラがキューバを去り、一人ボリビアの山中で死を迎えたか、ということであろう。

その最大の理由は、ミサイル危機に直面してソ連に無視されたキューバ人の怒りが向かった矛先が、カストロとゲバラでは異なっていた点にあったというのが、私の解釈である。

一九五九年のカストロ政権誕生にはじまり、一九六一年までの革命初期三年間の社会主義政策は、貧困層の救済に成功し、ピッグス湾侵攻作戦にも勝利して、国民の熱気と共にキューバは活気に満ちていた。だが四年目の一九六二年に起こったミサイル危機は、経済改革に対する大きな空白期間となって、キューバに深刻な打撃を与えた。翌一九六三年の砂糖の生産量は二年前に比べて半減して三八八万トンまで落ちこみ、国民生活は好転せず、国内が荒廃しはじめた。そのためキューバでは、一九六四年から、順調に進まない工業化に見切りをつけたカストロが、「五年後に砂糖生産一〇〇〇万トンを達成する」という大目標を掲げて、農業第一主義へと政策を戻すことになった。

この一九六四年末、ゲバラは初めて国連で演説するため渡米したが、ニューヨークに到着するなり、「人殺し！」のプラカードを持った心ない群衆に迎えられ、「キューバに帰れ！　出て行け！」の怒号を浴びせられた。しかしアメリカの報道界は、ラテンアメリカのヒーローで、『ゲリラ戦争』の著者であるチェ・ゲバラが、一体どのような人物であるかを知ろうと、彼が「革命はやめられない」と発言する目的について質問をした。ゲバラは葉巻を吸いながら、「中南米の多くの国では、政府が国民を弾圧している。その中でキューバ政府は、イデオロギーによって行動するのではない。われわれは常に正義の側《がわ》につく。キューバに高い代償を強いているアメリカは不公平だ」と、きわめて冷静に答えた。

ゲバラを殺そうと亡命キューバ人が国連ビルにバズーカ砲で攻撃を仕掛ける中、一二月一一日ついに国連総会の演壇に立ったゲバラは、「アメリカの帝国主義が支配することによって、一部の列強が利権を独占している。しかしキューバは、独立した主権国家である。キューバはアメリカ大陸の自由な領土だ。処刑について聞きたいのか。われわれは、これからも処刑をおこなう！　なぜならわれわれは、今も死闘を続けているからだ」と、アメリカの圧力と闘っている姿を訴え、中南米諸国の腐敗と堕落を批判し、「米ソの大国間だけの平和共存などには意味がない」として、アフリカの植民地解放闘争を取り上げた。このアフリカ解放演説が伏線となって、翌年に彼はコンゴに向かうことになる。

この演説に対して、ニカラグア、ベネズエラ、パナマの代表が次々に登壇してゲバラを批判し、「われわれに構わないでくれ」と烈しい対決姿勢を示したが、ゲバラは中南米で暗殺と虐殺が横行している事実を挙げて彼らを一蹴した。こうして全世界がゲバラの演説に注目し、報道陣からゲリラ戦士として質問攻めにあったが、アメリカ合衆国本土で主張を曲げずに合衆国批判を語った姿は堂々としており、多くの人がゲバラに魅せられた。

しかしこの国連総会と、翌年のアルジェリアでのソ連批判演説が、公式な場における彼の最後の姿となった。キューバの工業化を任されていながら、カストロが打ち出した農業回帰という政策変更によって、政府内で実力者としての立場を失ったゲバラは、翌年一九六五年三月三一日に工業大臣を辞任し、キューバ国籍を返上してカストロと別れ、四月二日にキューバを去って行った。そして彼が参加しないまま、一〇月一日にキューバの革命統一組織が改組されてキューバ共産党が誕生した。

こうした経過の間、ミサイル危機の日々に、洞窟の司令室でアメリカの攻撃に決死の覚悟で備えていたにもかかわらず、相談もなくミサイルが撤去されてソ連に激しい怒りを覚えたゲバラは、何を感じ、何を考えたのであろうか。それは、民族主義が無視されたことに対する憤激であり、政治家が机上で議論する左翼主義（社会主義や共産主義）に対する幻滅であったはずだ。熱血漢のゲバラは、政治的な形式主義が嫌いであり、ミサイル危機を通じて、ソ連がアメリカと同じ帝国主義であることを見抜いたのだ。

民族主義か、社会主義か――アルジェリアとエジプトとベトナムと連帯したキューバ

振り返ってみると、ピッグス湾侵攻事件直後の一九六一年五月一日にカストロ首相が「キューバ革命は社会主義革命である」と公式に発表したメーデーのハバナ宣言に対して、キューバ危機八ヶ月前の一九六二年二月四日にカストロ首相が発した第二次ハバナ宣言では、「中南米においては今こそ革命を実行しなければならない」とラテンアメリカ諸国に民族主義革命への決起を呼びかけた。この第二次宣言はゲバラの意思を体現したものであったと言われる。つまり最初に社会主義を表明したメーデーのハバナ宣言と、民族主義を掲げた第二次のハバナ宣言は、性格が異なるものであった。社会主義を優先するか、民族主義を優先するか、ここに、国家を主導して貧民を守らなければならない責任者だった政治家カストロと、キューバ革命の成功がラテンアメリカの民族主義にあったことを忘れないゲバラが別の道を歩む分岐点があった。

一方、ここまでの経過を見て、読者はおそらく私と同様に、カストロとゲバラたちによって達成されたキューバの社会主義政策は正義であったとお考えであろう。なぜなら彼らは、国民を苦しめた独裁者バティスタを国外に追放し、強欲な富裕層から資産を取り上げ、独占的なア

メリカ企業と銀行の資産を接収して国有化し、貧困階層のキューバ人に救いの手を差し伸べたのだから。その中からキューバ音楽、ボクシング、野球、映画、演劇、バレエなど広い分野でキューバ独自の大衆文化を大きく開花させ、アメリカ野球界にメジャーリーガー選手を送り出してきたのである。そしてカストロが発した一九六一年五月一日のメーデーのハバナ宣言によって、「キューバ革命は社会主義革命である」と公式に定義されたのだ。したがって社会主義そのものは正しいという文脈の中で、キューバ革命の初期の成果を評価してこられたに違いない。

しかしだからと言って、組織的な政党として全世界に設立された社会党や共産党が掲げる社会主義体制は正しいという結論になるのであろうか。ここにゲバラは深い疑念を抱いたのである。どの本を読んでも、「フィデル・カストロとチェ・ゲバラはマルクス・レーニン主義者であり、ラウル・カストロは共産党員であった」と書かれている。マルクス・レーニン主義者と共産党員の違いはどこにあるのだろうか？　実はカストロ兄弟とチェ・ゲバラはマルクス主義者＝純粋に思想的・人道的な社会主義者であって、ソ連崩壊後に明らかにされた「独裁者レーニンがおこなったソ連国民に対する虐殺」を支持する人間ではなかった（拙著『ロシア革命史入門』参照）。当時の彼らは、ナチスと組んで第二次世界大戦を引き起こしたソ連の実態についても、まだ知らなかったのだ。しかしミサイル危機を通じて、ソ連を疑い出したのである。

チェ・ゲバラはソ連批判、つまり政党政治と帝国主義に対する批判を公然と言葉に出して発言するようになった。

なぜなら、キューバ革命の四年ほど前、一九五四年に北アフリカのアルジェリアで民族解放戦線（FLN）が武装蜂起し、〝アルジェの戦い〟がはじまった。これはキューバ革命と同じように、文字通り民族主義の戦いであった。国土の大半はサハラ砂漠だが、石油・天然ガスの宝庫として宗主国フランスが大きな利権獲得活動をおこなっていたアルジェリアでは、第二次世界大戦後の一〇年間、アラブ人の抵抗を鎮圧するため虐殺につぐ虐殺がくり返され、フランス人のテロ団が現地の警察と組んで、〝アラブ人との友好を求めるフランス人〟まで殺害し続けた。

しかしついにアラブ人の怒りが爆発する日を迎え、一九五四年一一月一日の万聖節《ばんせいせつ》（カトリック教会の祝日で、すべての聖人と殉教者を記念する「諸聖人の日」——その前夜祭がハロウィーン）を期して、首都アルジェ南東のオーレス山地で蜂起がはじまると、反フランスの戦闘が全土に広まっていった。フランス国歌〝ラ・マルセイエーズ〟を歌うことを拒否するアラブ人の子供たちが北アフリカ全土に出現し、やがて火の手は、アフリカ西端のモロッコにまで燃え広がってゆき、これに対してフランス軍は一地区で六万人を超える部族民を皆殺しにするなど、ますます弾圧を強めていった。アラブ人捕虜に対する拷問では、フランス軍が〝電気ショック〟まで使用した。このアルジェリア独立戦争では、アメリカ人がベトナム戦争で使用するはるか以前に、フランス人が枯葉剤を使用し、毒ガス兵器を使用してきたのである。

その時代のフランスを動かしていたのが「社会党」のギイ・モレ首相であったのだ。一九五六年二月一日に発足したモレ内閣は、ただちにアルジェリア入りし、激しいアルジェリア住民の武装蜂起を鎮圧すると約束し、独立戦争を終結させようと意気込んで、原住民に対する一層苛烈な行動をとりはじめた。その侵略内閣で、アルジェリア人の人権を踏みにじった司法担当の国務大臣が、誰あろう後年の「社会党」大統領フランソワ・ミッテランであった。ミッテランはアルジェリア人が蜂起した一九五四年から、残忍をきわめた拷問などの最高責任者として、内務大臣のポストについて秘密警察を動かした。

この時代、一九六二年一月にアルジェリア民族解放戦線（FLN）に大量の武器を送り届け、フランスに対する戦いを支援したのがキューバ革命後に生まれ、ピッグス湾侵攻事件でアメリカを叩きつぶしたカストロ政府であり、ゲバラであった。こうして八年にわたるアルジェの戦いの結果、キューバ・ミサイル危機の直前、一九六二年七月三日にアルジェリアが独立を果たしたのである。

その後は、ゲバラの指示で、キューバ人のゲリラ戦士がカリブ海から遠い北アフリカに向かい、この友邦国アルジェリアで訓練を受けることになり、鍛えられたそのゲリラ戦士が一九六四年に南米ボリビアで人民ゲリラ軍となって戦ったのち、一九六七年にゲバラがボリビアで戦死するのである。

アルジェの戦いと同時代の、やはり北アフリカのエジプトでは、キューバ革命の三年前、一九五六年七月二六日にナセル大統領がナイル川河口の大都市アレクサンドリアで、広場を埋めつくした群衆に向かって「スエズ運河会社を国有化する」と宣言し、その運河の収入でダムを建設する計画を発表し、この演説中に、スエズ運河会社をエジプトが接収したのである。

国有化宣言に驚愕したイギリスとフランスとアメリカは、自国内にあるエジプトの全資産を凍結すると発表して対抗し、ナセルを「ナイルのヒットラー」あるいは「無法の略奪者」と呼んで罵倒した。翌月八月三日には、イギリスのイーデン首相とフランス「社会党」のギイ・モレ首相が、「スエズ運河を取り戻すために必要ならば武力を使用する」と声明した。実は、いま述べた〝アルジェの戦い〟のゲリラ指導組織の本部はここエジプトのカイロにあり、エジプトはアルジェリア人の反乱を物質的に支援し、またエジプトのカイロ放送によってフランス非難を激烈に続けていた。したがって、エジプト人とアルジェリア人が戦っていた相手は、同じフランスの「社会党」であり、二つの出来事は一体で、強く結びついていた。

世界各国はフランス・イギリスの武力行使に猛烈に反対して、エジプトの行動を支持したが、九月に、フランスとイギリスの首脳が秘かに協議し、武力介入を検討しはじめた。アルジェの戦いとスエズ動乱における、「フランス社会党」政府の行動を見るとき、当時の社会党がいかに悪辣なものであったかが分る。英仏軍のねらいは、エジプト軍を壊滅させ、ナセルを失脚させ、必要とあらば首都カイロも占領するというものであった。これはアメリカがのちにキューバに仕掛けたマングース作戦とそっくり同じだったが、アイゼンハワー政権は、たまたまこの時、大統領選挙を控えていたため、エジプトに対する武力行使を望まなかった。

一〇月には、この武力介入作戦にイスラエルを参戦させる計画が具体化し、英・仏・イスラエルの三国共同侵攻作戦が決まると、一九五六年一〇月二九日、イスラエルの空軍部隊がエジプト領シナイ半島へ侵略しはじめ、〝スエズ動乱（第二次中東戦争）〟が勃発したのである。一〇月三一日には英仏軍のエジプト空襲がはじまった。しかし全世界からエジプト侵略三ヶ国に対する囂々《ごうごう》たる非難が浴びせられ、スエズ動乱は一一月六日に停戦して、エジプトのスエズ運河国有化が成った。

それから三年後、キューバ革命成功直後の一九五九年六月に、ゲバラが初めての外交旅行に出発した時、最初に訪れたのが、スエズ運河国有化によってアラブ世界の英雄となったこのエジプトのナセル大統領であった。そこでゲバラはラテンアメリカの偉大な解放者として歓迎され、ナセルとゲバラの二人は、異なる民族でありながら、民族主義の勝利を互いに祝福し合った。そしてエジプトに倣《なら》って、キューバ革命後のカストロ政府がユナイテッド・フルーツ社などアメリカの全工場を接収したのである。その後、ゲバラがキューバの政界で立場を失いはじめた一九六三年六月に、まず訪れたのがアルジェリアであり、ゲバラは独立の気概が強いアルジェリア人を気に入り、アルジェリア人もゲバラをすっかり好きになり、七月まで滞在して帰国した。ゲバラがアルジェリアに医師団を派遣し、医療面での人道支援を開始したのがこの一九六三年であった。

ちょうどその一九六三年七月に、ハバナを訪れてゲバラと会談したのがベトナム人であった。ケネディー大統領が送りこんだアメリカの侵攻軍と戦いはじめた南ベトナム解放民族戦線（ベトコン）の代表団であり、この当時ベトコンが待ち伏せ攻撃で激しい戦闘をおこなっていた相手は、前年のキューバ・ミサイル危機渦中に米軍トップの統合参謀本部議長をつとめ、キューバへの全面攻撃を進めようとしたのと同じ人物、ほかならぬマクスウェル・D・テイラー将軍であった。そこでキューバを訪れたベトナム人に対してゲバラは、「世界中にベトナムをつくる」ことによってアメリカ帝国主義を打ち倒すという野心的な戦略を語り、ベトナム人と心を開いて互いのゲリラ戦を讃え合った。

この時期のアメリカでは、同じ一九六三年の八月二八日に、黒人に公民権をすみやかに与えることを求める首都ワシントンの大行進がおこなわれ、全米から多くの白人も含めて二〇万人以上が参加して大々的な抗議集会が開かれた。ジャズ発祥の地ニューオルリーンズの悲哀を透き通るような声で歌った「朝日のあたる家」をヒットさせ、大きな人気を獲得していたメキシコ系の女性歌手ジョーン・バエズがステージにあがると、ユダヤ人ボブ・ディランと唱和しながらプロテスト・ソングを歌った。黒人解放運動の指導者マーティン・ルーサー・キング牧師の「たとえ今日も明日もわれわれが困難に直面しようとも、私にはまだ夢があります」の言葉ではじまる歴史的な演説がおこなわれたのが、この日であった。この大集会は黒人の公民権を求めるだけでなく、同時にベトナム反戦運動へと続く大きな奔流がアメリカに生まれた瞬間であった。

翌一九六四年にボクシング世界ヘビー級チャンピオンとなった黒人キャシアス・クレイが、「自分の名は奴隷時代から受け継いだものだ」と言って、モハメッド・アリと改名し、一九六六年に「私はベトコンと対決する理由がまったくない」と徴兵を拒否して、チャンピオン資格を剝奪されながらベトナム反戦運動に加わった。このアリの行動は、黒人解放運動のもう一人のリーダー、マルコムXのイスラム運動組織に加入したことに基づくものであり、マルコムXと親交したのがほかならぬキューバのフィデル・カストロであった。かくしてモハメッド・アリが、キューバに目を注ぎ続け、三〇年後にアメリカと国交断絶中のキューバを訪れてフィデル・カストロに会い、医療品を贈って、国交回復に大きな貢献を果たすようになるのである。

一九六四年四月一五日にもゲバラはアルジェリアを訪れて、ベンベラ大統領とアフリカの解放戦略を議論し、一九六五年二月二四日にアルジェでソ連の帝国主義を激しく非難する演説をおこなった。

社会主義によってキューバ革命が成功したのではなかった。民族主義が革命を成功させた結果、キューバに社会主義が生まれたのである。キューバ人とアルジェリア人とエジプト人とベトナム人は、地球上で遠く離れた土地に生きながら、民族主義という一本の絆で心が結ばれ、互いに武器や戦略を提供し合うという協力関係を持っていた。だがそれぞれは、誰の力も借りずに独立を勝ち取り、そこにアメリカ国内で差別されていた黒人が加わり、黒人も公民権を獲得したのだ。

そのあとキューバは、経済維持のためにソ連に支援を頼んだ時から、共産主義国・ソ連に帰属する衛星国になりかかった。ゲバラは、このままではラテンアメリカの民族主義がどこかにかき消されてしまうと感じた時、自分が人間革命と呼ぶ「民族主義」に対して、「教条的な社会主義・共産主義」とのあいだに、大きな違いがあることを譲ることができなかったのだ。ゲバラは「キューバ共産党」が自分たちはソ連のクレムリンの代弁者だと権威を誇示する態度も気に入らなかった。

こうしてゲバラは、再び〝ゲリラ戦士チェ・ゲバラ〟に戻ることを決意し、一九六五年四月一日に無二の親友フィデル・カストロに遺書ともいうべき別れの手紙を渡して、アフリカ中央部に向かった。ゲバラはこの手紙で「君（フィデル・カストロ）がキューバの指導者であるためにできないことでも、私（チェ・ゲバラ）にはそれをすることが可能だ」と書いていた。言い換えれば、「カストロは政治家としてキューバにとどまって国民を守り続けてくれ。しかし私ゲバラは戦士となって全世界の民族主義のために戦い続けたい」という意味であった。政治家カストロの役割を理解していたのである。

こうしてゲバラは、アフリカの旧ベルギー領コンゴ東部で決起していた解放人民軍と共に戦うため、動乱の地に入った。このコンゴ共和国は、のち一九七一年にザイール、一九九七年にコンゴ民主共和国と国名変更される国で、ベルギー領の植民地時代から核兵器用ウランの鉱物資源をめぐって利権争いを招き、ＣＩＡが介入してアメリカ・ソ連・中国の代理戦争が展開されていた地帯であった。

一九六一年四月にキューバのピッグス湾侵攻作戦が実施されて五ヶ月後の九月一八日に、コンゴ動乱を解決するため現地に飛んだ国連事務総長ダグ・ハマーショルドが、コンゴの首都レオポルドヴィル（現キンシャサ）からローデシア（現ジンバブエ）北部に向かう途中、搭乗機がローデシア北部に墜落して死亡する大事件が起こった。この事故は当初から暗殺説が濃厚だったが、のち一九九二年九月一一日のイギリス〝ガーディアン〟紙上で、一九六一年当時コンゴのカタンガ州に国連特使として駐在していたジョージ・スミスとコナー・オブライエンが「ベルギー企業の雇い兵が迎撃機で撃墜した」と、暗殺の事実を明らかにした。殺人者はベルギーのダイヤ・シンジケートであり、ベルギー企業とはロスチャイルド財閥のウニオン・ミニエール社だったから、南アフリカの黒人差別アパルトヘイト政権と裏でつながっていたのである。

こうしたコンゴ動乱に突進して無謀なゲリラ戦を試みたゲバラは、まったく戦果をあげられないまま、ほぼ半年後の一九六五年一一月にコンゴから撤退し、翌年から南米ボリビア山中でのゲリラ戦に手を染めてゆくことになった。

ボリビア山中のゲリラ戦でこの世を去ったチェ・ゲバラ

ゲバラの故国アルゼンチンの北に隣接する内陸国ボリビアは、銀山が発見されてからスペイン人の侵略を受け、その後、アンデス諸国の解放者シモン・ボリバルによって解放されたため、彼を讃えて国名をボリビアとしたアンデス山中の国家であった。このボリバルが唱えたラテンアメリカ民族主義を讃えていたのがゲバラだったが、なぜ彼が再び戦士チェ・ゲバラに戻って、この国に入り、ゲリラ戦に身を投じたのであろうか。

当時のボリビアの経済支配者はシモン・パティーニョという鉱山王であり、パティーニョは二〇世紀初頭から〝南米のロスチャイルド〟と呼ばれ、時にはロスチャイルドをしのぐとささやかれる一大鉱山帝国をつくりあげ、ボリビア最大の銀行を設立し、世界屈指の大富豪となっていた。スペイン人はアンデス山中の金銀に目をつけると、膨大な数の奴隷を送りこみ、金《きん》を採りつくすと銀、次いで錫《すず》の世界第二位の生産量を誇る鉱山業を生み出した。ここで最後に一切の利権を掌中におさめたのが、パティーニョであった。しかし一九〇七年に、鉱山をそっくり買おうという申し出を受けたパティーニョは、ロスチャイルド財閥の鉱山王グッゲンハイムとパートナーとなり、鉱山利権の四九パーセントを売ったのである。その一族のハリー・フランク・グッゲンハイムが一九二九年からアメリカのキューバ大使となり、こうしてボリビアの経済は、キューバと共に財閥に握られた。

一方、ロックフェラー財閥のスタンダード石油が進出してボリビア東部の油田開発が進められると、一九三六年に参謀総長がクーデターによって大統領に就任して、「軍事社会主義」の政策を掲げ、翌一九三七年にロックフェラー財閥のスタンダード石油を接収して国有化した。ラテンアメリカで初めて外国企業を国有化したこの政策は注目を浴びたが、ロックフェラーがこれを座視するはずはなく、大統領は追放された。だが、それでも後継大統領がパティーニョらの鉱山財閥と対決を続け、鉱山労働者組合連合が結成され、一九五一年にはついに、民族革命運動党が大統領選に勝利した。しかしこれも軍事クーデターで倒され、民族革命運動党は非合法組織であるとして解体され、再び労働者の不満が高まった。そのため翌一九五二年、鉱山労働者の不満が爆発し、これが革命となってついにパティーニョの鉱山が国有化されたのである。その革命によってインディオに選挙権や公民権を与える新憲法が採択され、一九五三年には農地改革によって、先住民インディオの小作人に土地が与えられるようになった。

若き日の旅行中のゲバラが初めてボリビアに入ったのが、ちょうどこの時期であった。その後、一九六四年にまたも背後でアメリカが介入した軍事クーデターによって革命政権が倒され、ボリビア革命が終りを告げてしまい、大統領に就任したレネ・バリエントスらの軍部がアメリカと密着して、ボリビア共産党との対立が激化した。

しかしキューバ革命を成功させた指導者チェ・ゲバラは、アフリカ・コンゴのゲリラ戦から撤退したあと、一九六六年に秘かにキューバに戻って、カストロにだけゲリラ戦の決意を伝え、カストロの協力のもとでゲリラ特殊部隊を組織した。この部隊を訓練してから、自分の祖国アルゼンチンを解放するため、北に隣接するここボリビアにウルグアイ人の経済学者を装って偽名で潜入した。この年は、ベトナム戦争がアメリカによる北爆で激化しはじめた時期であり、ゲバラはアメリカ帝国主義に牙をむく野獣が存在することを知らしめるために、今を措《お》いて決起の時期はないと決断した。死を覚悟したチェ・ゲバラは、海抜二〇〇〇メートル前後のアンデス大高原を舞台にして、森林でのゲリラ戦を展開しはじめたのである。

しかし彼らはわずか六〇人の戦士しかいない状態で、しかも立ち向かおうとしたボリビア軍政バリエントス政権は、農地解放で実績をあげており、先住民インディオ主体の農民を完全に味方につけて、「共産主義者による革命を阻止する」という一点で多くの国民から共感を勝ち取っていた。一方、バリエントスの敵は、左翼的な鉱山労働組合であった。

翌年一九六七年二月に行軍を開始したゲバラは、ゲリラ部隊の武装蜂起が政権側に筒抜けとなる中、ボリビア民族解放軍（ＥＬＮ――Ejército de Liberación Nacional）を名乗ってボリビア国民に決起を呼びかけた。しかしゲバラはインディオの言葉を話せず、アンデス山中の農民インディオはスペイン語を話さないのだから、農民を味方につける術を持たないまま、まったく無謀な銃撃戦を敢行したのである。ここにアメリカのＣＩＡ派遣軍が乗り出すと、バリエントス政権の国軍に協力し、ベトナム戦地から送りこまれたアメリカ陸軍特殊部隊も加わってゲバラ軍団を追いつめてゆき、さらに、ゲバラの味方になろうとしていた鉱山労働者数百人が政府軍によって大虐殺され、彼らも政府側に全面降伏しなければならなかった。

そして隊長チェ・ゲバラは八ヶ月にわたるゲリラ戦の末、一九六七年一〇月八日にわずか一〇人ほどになった部隊で戦ったのち、バジェグランデ近郊のイゲラ村の近くで政府軍に足を撃たれて捕らえられた。政府は、「チェ・ゲバラは戦闘中に死んだ」と嘘を発表し、翌九日、ゲバラの両手両足をロープでしばったまま処刑して、ボリビア陸軍が「ゲリラ闘争中の前キューバ工業大臣チェ・ゲバラの死」を全世界に向けて発表し、その遺体写真を公開したのであった。

こうして革命主義者にとって歴史的英雄だった民族主義者チェ・ゲバラは、一九六七年一〇月九日に命が断たれ、祖国アルゼンチンを解放しないまま、膨大な記録の日記を残してこの世を去っていった。三九歳の若さで、前途遼遠の人生に、幕を閉じたのであった。

カストロの独裁的共産主義国家の建設

このように戦い続けたゲバラは、死後も世界中で愛され続けたが、彼に対して、カストロはどのように活動したのか。ソ連のフルシチョフはキューバ・ミサイル危機翌年の一九六三年に、激怒するカストロをなだめるために、四月から六月まで四〇日間もソ連に招待し、歓待した。その間、キューバの国防力強化のための支援協定が結ばれ、キューバに残留するソ連部隊を防衛に利用する合意がなされた。

当時カストロは、この時まだキューバにいたゲバラと共に、ソ連に対して軍事だけでなく経済支援も求めていたが、ソ連側がカストロを招待したのは、アメリカと対決する地政学上、手放せないキューバをソ連の支配下に置き続けることが目的であった。そのための戦略として、工業化を進めようとするゲバラを切り捨て、キューバを農業国に戻して、工業製品をソ連から買わせる道に進ませ、ソ連の支援なしには国家が成り立たないようにしてコントロールしようとしたのである。

ソ連のこのような行動に対して、ケネディーのほうは、ミサイル危機を力で解決した大統領として、一世の視聴を一身に集めて世界的な名声を高めた結果、対決したフルシチョフ個人の性格も見抜いて、ソ連と喧嘩せずに政策を進めたほうが得策だという賢明な判断を下した。かくして一九六三年七月一五日に、大気圏内核実験禁止のため、モスクワで米英ソ三国の会議が開催されたのである。先に述べたブロークン・アロー事故のリストを見た読者は、よくも幸運に核爆弾の爆発による大被害を避けられたと思われただろうが、ネバダ州や南太平洋やオーストラリアやシベリアなどでおこなわれた五〇〇回を超える狂気の大気中の核実験は、ブロークン・アローどころか、実際におそるべき放射能被曝者を大量に生み出していたからである。そして七月二五日に「大気圏内、宇宙空間および水中における核実験を禁止する条約」、通称「部分的核実験禁止条約」に仮調印し、八月五日の正式調印を経て、一〇月一〇日に条約が発効し、全世界が米英ソの決断に大きな拍手を送った。

この条約に怒ったのは、まだ原爆を持っていなかった中国であった。六年前の一九五七年一〇月一五日に、中国とソ連が「国防新技術に関する協定」に調印し、ソ連が原爆の見本および原爆製造用の技術資料を提供すると約束したのに、フルシチョフが核実験禁止条約によって「中国を核兵器を保有できない国にした」と激怒して、ソ連と完全対立したのがこの時であった。かくして中国最初の原爆実験が、翌年一九六四年一〇月一六日に、新疆《しんきょう》ウイグル自治区のタクラマカン砂漠で実施された。

その間にケネディーは、ソ連との和解と並行して、一九六三年からキューバとも和解工作を秘かに進める計画を立て、フロリダに基地を置くキューバからの亡命者グループがおこなってきたキューバ攻撃を禁止させたのである。さらに、先に述べた黒人の公民権を求めるワシントン大行進がおこなわれて間もない一〇月下旬に、ケネディーがフランス人ジャーナリストのジャン・ダニエルに会って、「アメリカがキューバで犯した数多くの罪悪の化身がバティスタ独裁であり、その代償を払わなければならないのは、われわれ（アメリカ人）である。バティスタ政権についてはキューバの革命家と同じ意見である」という驚くべき和解の極秘メッセージを託して、フィデル・カストロに伝えるように頼んだ。

ピッグス湾侵攻作戦とマングース作戦など忘れたかのように、そして進行中のベトナムへの派兵命令など出していないかのように、アメリカ大統領がキューバに対する経済封鎖を解き、国交回復の可能性を開こうとするところまで和解工作が進んだのだ。このメッセージを託されたフランス人ダニエル記者は、不条理の哲学を描いた小説『異邦人』を書いてノーベル文学賞を受賞したフランス人アルベール・カミュと同じくアルジェリア生まれで、フランス人がアルジェリア人に対しておこなってきた拷問について、臆するところなく早くから敢然と自国フランスの犯罪を告発した人物であり、ゲバラを取材して共鳴する仲であった。このダニエルから、ケネディーの信じがたい言葉を聞かされたカストロが、息を止まらせるような歓喜に震えた翌日、一九六三年一一月二二日にジョン・F・ケネディー大統領が四六歳の若さで、テキサス州ダラスで暗殺されたのである。ケネディーが死んで、アメリカの経済封鎖が解かれる希望がかき消されたことに、カストロは心が絶え入るほど深い悲しみを覚えたという。

翌年から世界情勢は一転して暗雲に包まれた。カストロ暗殺計画が、再びCIAによって仕掛けられるようになった。ソ連では、一九六四年一〇月一四日に、共産党中央委員会・ソ連最高会議がフルシチョフ共産党第一書記兼首相を解任して、突然にフルシチョフが失脚した。キューバ・ミサイル危機を演じ、最後に手を握った米ソ両首脳が政治の舞台からあっという間に消えてしまったのだ。失脚の最大の原因は、フルシチョフが核戦争一歩手前の大芝居を演出しながら、ソ連の最高決定機関である共産党政治局に意見を求めず勝手にすべてを決断し、結果的にはケネディー大統領の海上封鎖によって抜き差しならない事態にソ連を導いたことにあった。「わが国はアメリカに対する軍事戦略的な優位性を失って、面目をつぶされた」ということが、共産党幹部会で叱責《しっせき》され、地位が急落しフルシチョフは失脚したのである。

フルシチョフに代って、書記長にレオニード・ブレジネフ、首相にアレクセイ・コスイギンが就任したが、カストロはモスクワに赴いて元首ブレジネフを祝うことはしなかった。ソ連はミサイル危機で白旗を振らされたアメリカより優位に立とうと、大陸間弾道ミサイルの数を精力的に増やし、一九六四年に二二〇基、一九六九年に一〇六〇基、一九七〇年に一四〇〇基へと急増させ、まっしぐらに経済崩壊へと突き進んだ。そうした時代の中、事実上軟禁状態に置かれていたフルシチョフが一九七一年九月一一日に七七歳で死亡した。

こうした時代にカストロは、有能な心の友ゲバラを失って内面で孤独であり、身辺に苦言を呈する人材がないまま、他方では、世界に対して社会主義の成果を誇示する必要に迫られたため、独断で政策を進めるようになった。結果、一九六三年にソ連から帰国したカストロは、ソ連の指示通り、工業から農業への政策回帰をおこなうため、一〇月三日に第二次農地改革を実施し、小農二〇万人に与えた農地を除いて、富裕層六〇〇〇人の農地を接収して国有化し、国有地が七割にも達した。一九六五年には国家予算を廃止し、一九六七年に農民に対する税金を廃止し、一九六八年三月三一日から、六万件近い中企業・小企業、つまり個人商店や小さな修理工場、喫茶店から都市部のタクシーを含む一切合切の私企業を国有化する政策を打ち出した。キューバから商業が消え去ったのだ。

この政策は、カストロ革命を認めてきた多くのキューバ人を落胆させ、アメリカへの亡命に向かわせたに違いなかった。国民から自由を奪う政策なら、バティスタの独裁に代って、カストロの独裁ではないか、と。実際、のちにカストロはこの政策を、自分が犯した、国民を裏切る最大の過ちだったと認めることになる。

一方、カストロはこれまで無償だった教育と医療のほかに、映画、スポーツ、電話を無料にしてしまったのだ。えっ、国家予算ナシ、税金ナシ、商業ナシ、と人を驚かせたこの一連の政策は、無政府主義だったのであろうか……それとも原始共産主義を制度化したのであろうか……一体、キューバ国民は、この物々交換に近い経済のどこで自発的に働くのであろうか、と疑問を抱かせるものであった。いや、国民は良心にしたがって自分の労働時間を決め、ノルマと無関係に賃金が支払われ、価格が定められた商品を購入して生活するというのだから、物々交換社会ではなかった。しかし、食料も衣服も、そのほかの生活必需品も国家が国民に与えるキューバにあって、その生活の資金を海外貿易に頼る以上、わずか三八〇万トンの砂糖の生産を大幅に増産して一〇〇〇万トンを達成しなければならなかったし、そのような話は現実に不可能であった。

これで社会が成り立つということは、人類数千年の歴史において経験がなかったはずである。逸楽の夢のようなバラ色の理想社会というカストロの実験ではあったが、砂糖とニッケルによる貿易収入だけでキューバ人の生活を成り立たせることは見込みゼロで、幸いにも短期間で失敗して、カストロは政策を現実に合わせてソ連型の計画経済へと変えていくことになった。そのようなソ連の模倣が、経済だけであるなら、欠点をいくらでも修正できるので本質的には問題はなかった。

〝プラハの春〟で犯したカストロの間違いと、第三世界でのキューバ人の人道的貢献

このフィデル・カストロという超人に対して、全世界のキューバ革命支持者が幻滅を覚えたのは一九六八年であった。それは前年一九六七年に無二の友チェ・ゲバラがボリビアの山中で殺されたと知って激しいショックを受けたカストロが、翌年に一切合切の私企業を国有化して経済が崩壊したので、自分の失政を取り繕うため、盟友ゲバラが痛烈に批判したソ連を、援助の金欲しさに支持した時であった。チェコスロバキアに〝プラハの春〟が起こった年である。

チェコスロバキアは東ヨーロッパの中でも歴史的に賞讃に値する文化を持った国であり、〝メンデルの遺伝の法則〟の発見者メンデル、オペラ『売られた花嫁』の作曲家スメタナ、交響曲『新世界より』の作曲家ドヴォルザーク、ユダヤ人作曲家マーラー、詩人リルケ、のちにナチス・ドイツのもとで自動車産業を率いる天才ポルシェ、ユダヤ人作家カフカ、ユダヤ人ピアニストのゼルキン、ユダヤ人経済学者シュンペーターを生んできた。首都プラハでは、音楽家、学者、思想家、作家などのインテリ階層の中では、ユダヤ人が著しく勢力を誇っていた。

またボヘミアン・グラスは世界的に評価される芸術品であり、チェコスロバキア企業のシュコダ（スコダ）社はオーストリア＝ハンガリー帝国時代に最大の自動車メーカーに成長し、一九三八年の〝ミュンヘン協定〟による悲劇の中でナチス・ドイツに領土を占領されたのち、第二次世界大戦中には兵器メーカーとなって東ヨーロッパ屈指の工業力を育て上げてきた。

一九四五年四月三〇日にヒットラーが自殺し、ドイツ第三帝国が連合国に降伏すると、五月五日に首都プラハで反ドイツの人民蜂起が起こり、五月一〇日に進軍してきたソ連軍が首都プラハを解放した。その結果、大戦後のチェコスロバキアは、ソ連による共産党の影響が強まり、一九四六年に実施された選挙で共産党がわずか三八％の得票で第一党になる中、やがてアメリカとソ連の対立による冷戦が深まって、一九四八年からソ連が支援する共産党主導の新政権が成立し、ワルシャワ条約機構に組みこまれた。この時代にキューバに武器を送ってカストロを助けたのが、シュコダなどチェコスロバキアの工業力であった。

しかし本来豊かな文化を持つこの国の国民は、この体制に黙ってしたがうことを良しとしなかった。一九六八年に、すでに亡き人となっていたチェ・ゲバラが求めたと同じ「人間の顔をした社会主義」を求めて、四月にドプチェク第一書記たち新政府が新たな共産党の「行動綱領」を発表したのである。共産党による一党独裁を静かに排除しつつ、市場原理の導入による経済改革と共に、言論や芸術活動を自由化し、さらには西側との経済交流の推進など、一連の民主化と自由化を積極的に推進しはじめたのだ。首都プラハの町にはミニスカートをはじめ西ヨーロッパ風の文化が続々と開花し、帝国主義・ソ連の黒い雲に覆われてきたチェコスロバキアの空に、一挙に輝く太陽がまばゆい光を投げかけ、プラハを流れるヴルタヴァ川にかかるカレル橋の聖像が微笑んだ瞬間であった。

こうした自由化の動きに、ソ連はただちに強い拒絶反応を示し、六月二〇日から、予定を急遽変更したワルシャワ条約機構軍の演習がチェコスロバキアで開始され、政府と国民に対する威嚇を開始した。しかし一週間後の六月二七日、チェコスロバキアの自由派知識人たち七〇人が結束し、ソ連の圧力によって民主化・自由化が停滞することなきよう、政府の改革を支持するという市民側からの声を公表するべく、「二千語宣言」を新聞発表した。一九六四年の東京オリンピックの体操競技で平均台、跳馬と個人総合の金メダルを獲得し、〝オリンピックの名花〟と讃えられたヴェラ・チャスラフスカも、「二千語宣言」に署名した。その宣言は、一九四八年に希望をもってチェコスロバキアが受け入れた社会主義がねじ曲げられ、共産党の支配者が権力者となって君臨し、彼らが我欲のための政治をおこなってきたと、過去の共産党独裁政治に対する痛烈な批判を展開し、プラハ市民がソ連主導体制に対して反旗を翻すものであった。

その結果、八月二〇日、ソ連・ポーランド・東ドイツ・ハンガリー・ブルガリアの五ヶ国によるワルシャワ条約機構軍が七〇〇〇〜八〇〇〇台の戦車でチェコスロバキアに侵攻し、共産党本部を襲撃して、ドプチェク第一書記をはじめ、改革派の首相、国会議員ら幹部を一網打尽に逮捕したのである。チェコ市民はソ連兵に協調を求めようとしたが、そうした悲痛な願いの声に耳をふさいで、ソ連軍が〝プラハの春〟を軍事鎮圧した。全世界の良識が一斉にソ連を非難したこの時、キューバの指導者フィデル・カストロが、本心ではソ連の軍事介入に反対しながら、「チェコスロバキアが資本主義に向かうことを阻止しなければならない」という恥ずべき体制論を出し、キューバに経済支援を続けるソ連と、ワルシャワ条約機構国を支持するという重大な誤りを犯したのである。ソ連のプラハ侵攻の合法性を容認するなら、アメリカのピッグス湾侵攻を容認することにならないか？　世界中で多くの共産党がプラハ侵攻を非難する中で、カストロの評判は一気に急落した。だがカストロは、ますますソ連との経済関係を強めてゆき、泥沼のキューバ経済を何としても維持する道に突き進んだ。

アメリカの経済封鎖が続く中で、キューバ国民が生き残る最後の手段がほかになかったとしても、ソ連に対する経済依存は自立心を失う結果を招き、不幸なことであった。たった一つ、カストロに言い分があるとするなら、「われわれ小国キューバは、自力で独立を果たしながら、ソ連とアメリカの帝国主義に挟まれて翻弄される運命から逃れる術はなかった」であっただろう。カストロを責める前に、米ソの両国を批判することが先である、というのは正しい。しかし〝プラハの春〟に対して、カストロはソ連を支持せず、少なくとも沈黙を保つべきであった。

それでも、カストロのキューバは、翌一九六九年からソ連の支援を取りつけて経済を回復しはじめた。そして亡きゲバラがコンゴ動乱とボリビアのゲリラ戦に身を投じたように、アジア・アフリカ・ラテンアメリカの第三世界に対して、キューバのどこにその資金があるかと疑われるほど、何千人にも達する驚くほど多くの人材を派遣したのだ。キューバ人の農業指導者と医師・看護師たちが第三世界の生活と医療の基本を支えるばかりではなかった。学校教育者と技術者を派遣して技術を育て、建設業者が住宅やインフラの整備について協力し、広範で人道的な業務に貢献して、数えきれない命を救い続けた。他方で、紛争があるならそれを解決し、独立を助けるために膨大な数の軍人と兵器による軍事支援を続けるようになった。

一九七五〜一九七六年には、南アフリカの黒人差別アパルトヘイト勢力や、ＣＩＡ支援勢力と、三つ巴の戦いを展開していたアンゴラ解放人民運動（ＭＰＬＡ）を救出するために一万五〇〇〇人ものキューバ人兵士を送りこんで、アフリカの黒人国家独立のためにキューバ人の生命を捧げ、医師・教師・建設作業員を派遣した。こうした全世界の紛争地に投入されたキューバ人の犠牲者は膨大な数だったが、対決した相手国は、常に資本主義帝国と先進ヨーロッパ諸国であった。亡きゲバラが果たせなかったことをなし遂げようとするかのように、ゲバラ以上に、はるかに大きな実際的成果をあげ続けたのが、フィデル・カストロであった。

ソ連からしぼりとった資金を、キューバ国内の財産を増やすためでなく、第三世界の数十ヶ国に回して、開発が遅れている国と貧困国のためなら、自国民が窮乏に耐えても国際的活動を絶やさなかったこの国は、世にも不思議な存在であった。その上、多数の医学留学生をキューバに受け入れて世界最高水準の医療を学ばせ、世界情勢のあらゆる面で無知にならないよう国際交流を続けてきた独自の政策には、驚くほかない。この世に共産圏や社会主義国や、あるいは進歩的な民主主義国家という言葉が生まれて以来、それらの国が「人間的であるか？」と問われて、明解にその犠牲的精神を誇れる国として唯一名前を挙げられるのは、世界広しといえども、キューバだけであった。

このような人道支援がいかに多くの人を救うかということは、アフガニスタンで日本人の中村哲氏の主導するペシャワール会がおこなってきた用水路建設が、貧困に苦しんでいた住民の生活を大きく改善して、現地でテロを消滅させ、治安を大幅に安定させてきた成果を見れば、誰にも理解されるであろう。それと同じ性格を持った多種多様の事業を、キューバという国家をあげて、第三世界のあらゆる国に対して実行してきたのが、カストロであった。

その意味で、カストロの人生は若き弁護士時代から一貫しており、独裁的でありながら、哲学的であった。わが日本政府が絶えずアメリカ・ヨーロッパの先進国に目を向けてきた政策と、キューバ政府が絶えず第三世界に目を向けてきた政策を比べるなら、雲泥の差がある。

カストロの社会主義は、自分が充分に生活したあと、余ったものを慈善行為として貧困国に回すのではなかった。貧困国と手を取り合って同時にキューバが歩むことに、すべての政策が向けられていた。これが、キューバ人と日本人の違いであろう。自分の財産第一の〝アメリカン・ドリーム〟を誇りとするアメリカ人が、カストロを嫌い続けた理由がそこにあった。カストロが、貧困国を苦しめるアメリカ政府を絶えず罵《ののし》り、無力な国連を絶えず批判した道理もそこにあった。国連総会や国際会議では、カストロの言葉に対して第三世界から圧倒的な支持が集まったのはそのためである。カストロは第三世界の貧困層を勇気づけ、励まし続ける救世主であった。

ソ連崩壊後の苦境とアメリカとキューバの国交回復

ところが、一九九一年末に、キューバ経済を支えていた帝国・ソ連が崩壊すると、キューバ国民は、一瞬で海外の貿易市場を失い、生活の基本としていた食用油や牛乳も手に入れられなくなった。石鹼も、洗剤も、紙も、バターも、パンを焼く小麦もない有り様で、原油の輸入もままならなくなって、一夜にして、明日を想像することもできないほど困難な時代に投げこまれた。ソ連の崩壊とは、東ヨーロッパ諸国の共産主義体制の崩壊であり、この連鎖反応の中で、彼らが一斉にキューバとの通商協定を破棄しようとしたのだ。医薬品の輸入も途絶えた。農業は、砂糖キビ生産に頼ってきた国家だったので、日常の食べ物を生み出す農作物も、肥料もない飢餓を迎えたのである。いきなり起こったこの大変化に対処することは不可能であった。そのため、社会主義国の動脈であった官僚組織の一部には、生活苦のために腐敗する者や、彼らを通じて、国家の物資を闇で取り扱う人間も出はじめるほど、一〇〇〇万人以上の国民をどのように養うか、という切実な問題に直面したのである。

この飢餓は、残忍なアメリカ政府によって加速されたものであった。キューバの後ろ楯・ソ連が消えた瞬間、アメリカ政府が「カストロ体制を崩壊させる政策」を公言しはじめ、ブッシュ大統領（父）とクリントン大統領がキューバに対する経済封鎖を他国に呼びかけて強化したからである。キューバに寄港した船舶は、以後一〇〇日間アメリカへの寄港が禁止され、キューバから砂糖を輸入した国へはアメリカからの援助が削減されるという、世界的な恫喝《どうかつ》がおこなわれたのだ。何より悪質だったのは、フロリダ州マイアミに基地を置く亡命者の反カストロ・グループが、キューバ政府に奪われた資産を取り戻そうとして仕掛ける執拗な武力攻撃であった。アメリカの報道界が、この非人道的な政策を批判した通り、道義も何の目的もなく、カストロ憎しという感情だけでキューバ人を追いつめたため、孤島キューバに末期的危機が襲ってきた。

ソ連が世界地図から消えてしまい、東ヨーロッパの共産主義国すべての政治支配者が国民によってなぎ倒され、あるいはルーマニアの独裁者チャウシェスクが処刑される姿を見てきた外国の報道界のジャーナリストは、カリブ海に君臨してきた無敵の革命家カストロの〝最後の時〟は、まもなく訪れるだろうと予測した。いや予測というより、期待していたのだ。

ところがこの非常時を迎えても、六五歳のカストロは落ちこむどころか、国民を守る立場から却《かえ》って強靱な精神力を発揮し、「われわれを守ってくれる砦はいまや存在しない。砦はわれわれ自身である」と決意を述べて、いよいよ苦難の航海に出なければならない国民に一層の努力を呼びかけた。不思議なことに、キューバ国民は食糧の窮乏に追いつめられながら、この飢餓の原因が国外で起こった現象にあることを理解していたので、カストロを敬愛し続けていた。キューバ人は、高度な教育を受けてきたので、結束力を発揮して、不撓不屈《ふとうふくつ》の精神でカストロ政府を支持し続けたのだ。

この苦境にあっても、カストロ政府は、「革命以来堅持してきた平等主義を曲げることはキューバの死を意味する」として、生き延びる手段として勧められた資本主義的な競争原理の導入を断固拒否し続け、国防費を大幅に削って、目的を失わずに困難な時期を乗り切ろうとした。この未曾有の困窮の中でも、一九八六年にソ連のウクライナで起こったチェルノブイリ原発事故で大量の放射能を浴び、衰弱し切っていた患者、主に二万人の子供を、南国の太陽を浴びる国キューバに招いて、医師・看護師の献身的な治療と介護によって体調を劇的に改善することを、中断せずに続けた。この飢餓時代にも、ひとつの学校も閉鎖せず、公共サービスと福祉施設と、無償教育・無償医療制度を維持し続けた。

だが一九九三年には、外貨が底をつきかけて、生活必需品の輸入貿易が断崖絶壁に立たされたため、国民に対して外貨保有を認めたのである。主にアメリカに移住したキューバ人からの送金によって得られる外貨保有・使用の解禁は、キューバ社会に自由をもたらす一方、貧富の差を生み出す結果となった。しかし、ワシントン政府のキューバ経済封鎖の強化に対しては、止むを得ない措置であり、そこで得られた国富を、富裕層を生み出すために使うのではなく、国民生活に還流させることによって、どん底から経済を立ち直らせたのである。さらに家族規模のような個人商店には自営業を認めて、小規模農園の生産物に対しては自由市場を導入することも忘れなかった。だが、ウォール街のギャンブル経済には一切手を染めずに、国民を守る社会主義を貫いた。

一方、生活困窮者に救いの手を差し伸べるため、キューバ政府は出国に対する規制の多くを廃止し、海外への移住を奨励したが、アメリカ政府は、カストロ体制を苦しめるため、キューバ人に対して、突然に入国ビザ発給を停止する処置をとりはじめた。そのため、追いつめられた不法出国者が船を強奪する悲劇的な事件が誘発されたあと、カストロは、自分の船で出国する人間に対しては、国境警備隊が阻止しないように指令を出し、アメリカ政府を批判した。

こうしたアメリカ政府とフロリダ亡命者の執念深いボディーブローにも耐え抜いたキューバ人は、砂糖一本槍だった農業においても、国民が結束して、農産物の多角化を進めて次第に日常の食料を自給できるようになった。続いて、ホテルを多数建設して国際的な観光に大きな力を入れ、多額の外貨を獲得した。また科学者たちが世界最先端の新しいワクチンなど数々の医薬品を開発し、高いテクノロジー技術を磨いて輸出による高額の収入を獲得しながら、平等社会を維持する目標を捨てずに、多々益々意気を高めて、この逆境を乗り越えていった。人種暴動の起こらない社会、犯罪組織のない社会は、堅持されたのである。カストロ政治の正しさを裏書きするように、一九九四年の国連では、キューバに対するアメリカの禁輸措置を非難する決議が一〇一ヶ国の賛成で採択され、反対はたった二ヶ国しかなかった。キューバに対するアメリカ政府の敵意は、現実の国際社会で葬られたのである。

この時期のキューバのミュージシャンを描いた一九九九年のドイツ・アメリカ・フランス・キューバ合作記録映画『ブエナ・ビスタ・ソシアル・クラブ』は、一九九八年のハバナの街を舞台に、世界的にヒットしたサルサなどのキューバン・リズムが全編に流れる感動的な名画であった。音楽愛好家だけではなく、多くの人にとって必見の映画だが、登場する歌手・演奏家たちが人生を回顧し、その言葉に語られるキューバの歴史は、必ず本書を読んでから耳を傾けてほしい。何と美しい旋律かと胸を焼かれる哀しみを唄った農民音楽……街にチェ・ゲバラの

キューバ国旗

画像がさりげなく飾られ、ごく自然にゲバラのベレー帽をかぶった楽士が演奏する姿、何と美しい国、キューバを愛するキューバ人……黒人・白人・黄色人種といった人種をまったく感じさせない平等社会がどのようなものかを教えるキューバ……「キューバは小さいが強い国だ。抵抗を知っている」と語る老ミュージシャンたちが、キューバ革命後の時代を生き抜いてきた。

　さらに彼らが、〝憧れのアメリカ合衆国〟を初めて訪れ、ニューヨークのカーネギー・ホールで歌い、演奏すると、そこは、先の系図に描かれた鉄鋼王アンドリュー・カーネギーが建てた音楽の殿堂だというのに、アメリカ人の聴衆が熱狂する。キューバ人が作曲した往年の世界的大ヒット曲「キサス・キサス・キサス」の熱唱のあと、最後にキューバ人の楽士が、まるで合衆国の星条旗から一州を切り取って独立したかのようなキューバ国旗を掲げて見せると、そのステージにアメリカ人の観客が投げる熱烈な歓声と拍手の渦……その瞬間、初めて、この舞台は〝カストロとゲバラ〟に対する讃美の喝采だ、アメリカ合衆国は音楽でも野球でも、どれほどキューバから恩恵を受けてきたことか、アメリカ人とキューバ人は敵対などしていない、敵対は政治家の捏造《ねつぞう》物だ、という真実を知ることになる。われわれ日本人は、あまりにもキューバを知らなかった、と。

「この革命は永遠だ」……「カール・マルクス」と書かれた看板が見えるハバナに戻って、映画は幕を閉じる。

まさにその時代の一九九九年に、フィデル・カストロの発案で、キューバは首都近郊にラテンアメリカ医科大学を創立し、主に医療の遅れた一〇〇ヶ国近い途上国から若者を受け入れ、六年かけて無料で医師を育成して、彼らが故国に戻って医療活動ができる世界一の制度を生み出した。そしてソ連崩壊から一三年後の二〇〇四年末には、ついにキューバの失業率が二%を切るまで劇的に改善され、教育と医療が完全無料化された国家が、世界に誇る乳児死亡率〇・五八%、平均寿命七六歳という数字を達成した。

こうして苦難の時代を乗り越える中、少しずつ国内の自由化を進めていた二〇〇八年二月二四日に、病に襲われた兄フィデルのあとを継いで、ラウル・カストロが国家元首（国家評議会議長）に就任した。ラウルは、一九五三年〝七月二六日〟のモンカダ兵営襲撃にはじまった最初の日から革命蜂起に参加して投獄され、メキシコ亡命時にチェ・ゲバラをフィデル・カストロに引き合わせたのち、グランマ号でのキューバ上陸作戦、シエラ・マエストラ山中でのゲリラ戦、社会主義国家の建設、ピッグス湾侵攻事件の鎮圧、キューバ・ミサイル危機と、数えきれぬ幾多の苦難を乗り越えながらソ連崩壊を経て、この日に至るまで、一貫して革命指導者の一人であった。チェ・ゲバラが去ったあと、四三年間にわたって兄に寄り添ったNo.2であったから、弟が兄を継いだといっても、フィデルに代って新生キューバをめざす〝改革精神に富んだ実力者〟であると、誰もが認める元首交代であった。北朝鮮のような独裁国家に必ず見られる、有害無益な世襲の性格が、そこには微塵《みじん》もなかった。

ラウルが国家元首に就任して二年後、二〇一〇年に隣国ハイチが大地震に襲われて死者が二五万人を超えた時に、キューバは、被災地に「世界最大の医療団」を派遣し、身を粉にして救済に取り組んだ。続いて二〇一四年に西アフリカのギニア、シエラレオネ、リベリアで平均致死率五〇%という最強の感染性と毒性を持つウィルスによってエボラ出血熱が大流行した時には、救済に入った国際的な医療従事者も感染し、きわめて危険な状況で多くのボランティアが撤退する中、キューバの緊急医療団は一人の感染者も出さない高度な医療体制で、多数のアフリカ人の命を救い続け、感染の終息に「最大の貢献」をした。しかもこれら海外に派遣されるキューバ人の医師たちは、国から派遣を強制されるのではなく、全員が自分の意志で現地に赴くのである。その根底には、亡きチェ・ゲバラが遺した〝貧困者を救済する〟医療哲学がキューバ人の心の中に生き続けているからだと言われる（巻末の資料『ゲバラの実像』）。

かくしてエボラ大流行の年、アメリカとの国交断絶から五三年後、二〇一四年一二月一七日、アメリカ大統領バラク・オバマが「キューバ政策を変更する」と、一九六一年以来続けていた国交断絶を停止する意思を発表して世界を驚かせた。オバマの政治は、大統領就任以来、期待された政策をほとんど実現せず、全世界を裏切り続けてきたが、このアメリカ最初の黒人大統領の心を動かしたのは、先に紹介したボクサー、モハメッド・アリだったと言われる。アメリカ政府がキューバへの経済制裁を強化する法を制定した一九九六年、キューバ人が物資窮乏に追いこまれて最も困難な時期に、黒人ボクサーだったアリがキューバを訪れてフィデル・カストロに会い、五〇〇万ドル相当の医療品を贈って子供たちの救済につくし、自らパーキンソン病に苦しむ体をおして活動し続け、アメリカ政府が続けてきた非道で非情な経済封鎖を解かせた、と。アリの姿を見たオバマが、黒人大統領としての役割に目覚め、ここに初めて勇断を下したのである。

これを受けて、ラウル・カストロが、キューバ国民に向けて演説し、「アメリカとの国交回復に合意した」と発表した。かくして翌年の二〇一五年四月一〇日に、北米・中南米カリブ海諸国三五ヶ国が集まったパナマでの米州首脳会議に、オバマ大統領とラウル・カストロ議長が出席して握手し、七月一日に、国交回復と相互の大使館再開で合意に達し、アメリカとキューバが五四年ぶりに正式に国交回復したのである。

ところが翌年三月にオバマ大統領がキューバを訪問して「キューバ国民を経済的に支える」

と語った時、一九五九年革命の主役フィデル・カストロが、八九歳でまだ健在であり、「帝国の贈り物などいらない」とコラムに記した、ということは、特筆されるべきであろう。

カストロが「アメリカと安易に接するな」と警告した通り、彼の死後、二〇一七年六月一六日には、反カストロ派の亡命キューバ人が住むフロリダ州マイアミでトランプ大統領が演説し、「オバマ政権がおこなったキューバとの一方的な合意を取り消す」と見直しを表明したのである。つまり国交回復による経済封鎖の緩和がまたしても振り出しに戻って、渡航規制が強化され、キューバ制裁が復活するので、ラウル・カストロ政権がただちにこれを非難した。このトランプ演説は、ごく少数の反革命キューバ人のご機嫌とりにすぎない茶番劇であり、「キューバを愛する大半のキューバ国民が、アメリカ人との友好を望んでいる」という最も重要な事実を無視した軽佻浮薄《けいちょうふはく》の愚行であった。トランプは『ブエナ・ビスタ・ソシアル・クラブ』を観る必要がある。

フィデル・カストロが全世界とラテンアメリカに残した偉大な遺産

フィデル・カストロは新自由主義的グローバリズムを〝カジノ経済〟と断じて痛烈に批判し、アメリカと闘ってきた思想的ゲリラ戦士としての誇りをいささかも失っていなかった。キューバは経済運営に失敗したと多くの経済学者が書いたが、それはアメリカ的な価値観に毒された者が勝手に吠えた言葉にすぎないのであって、社会主義国キューバでは、無償の医療や教育の費用がＧＤＰ（国内総生産）に計上されないので、資本主義経済学の算数では比較できるはずがないのである。キューバのテレビは、国家が設置した太陽光パネルによって電力を供給され、商業宣伝コマーシャルが番組を中断して視聴者に時間を空費させることが一切ない。コンピューターも普及している。

カストロの価値観から言えば、「一時は経済・行政上で私自身が失敗したこともあった」と正直に認める一方、「アメリカの億万長者の子供たちより、キューバに生まれた子供のほうが高度の教育を受けられる」のであり、「キューバが国際的な人道的貢献を果たしてきた革命精神に関しては、一つの失敗もなかった」のである。ちょうどチェ・ゲバラがボリビアの山中で人生を終えたからといって、チェ・ゲバラの人生が失敗ではなかった、と同じように。

フィデル・カストロは、二〇〇三年にブッシュ（息子）大統領の命令で強行されたイラクに対する攻撃について、すでにこの時点で、今日の全世界に広がるイスラム教徒のテロと、難民の激増を早くから予言していた。「テロと難民を生み出す原因は、アメリカとヨーロッパが第三世界から搾取し、略奪をくり返すことによって貧困を加速するからであり、第三世界の貧困をくい止めるための方策を何もとっていないことにある。このままでは、これら第三世界の国の人たちが先進諸国への移住を強いられるばかりで、その難民がアメリカとヨーロッパに押し寄せて、困るのはアメリカとヨーロッパなのである」と。

ケネディー大統領が一九六三年に暗殺され、フルシチョフが一九七一年に死去してもなお、フィデル・カストロという一人の男は、その後四〇年以上、次々と交代するアメリカ大統領の姿に目を注ぎ、ソ連の崩壊を見届け、二〇一一年四月一九日に最後の公職だった共産党第一書記の座を退いても、生き延びてきた。一九五三年に初めてモンカダ兵営襲撃に決起して以来、いかなる激戦の中でも、いかなる反撃に遭遇しても、危機に直面するたびに「神の恩寵《おんちょう》が彼の命を守った」としか考えられない奇蹟的な強運を自分の手に引き寄せて、二〇一六年一一月二五日（奇しくもキューバ上陸作戦を決断してグランマ号でメキシコを出発した六〇年目の記念日）、九〇歳で死去するまで、すべての世界史の激動を見続けてきた。

実にフィデル・カストロが直接対決したアメリカの大統領は、アイゼンハワー、ケネディー、ジョンソン、ニクソン、フォード、カーター、レーガン、ブッシュ（父）、クリントン、ブッシュ（息子）、オバマと一一人におよんだのである。そのあと登場したトランプが、またしてもキューバ制裁政策を掲げて大統領選に当選するなか、二〇一六年一一月二九日にハバナでおこなわれたカストロ追悼大集会に一〇〇万人を超えるキューバ国民が集まり、カストロの遺体は、シエラ・マエストラ革命発祥の地サンティアゴに埋葬された。

カストロが死んでも、彼の偉業は、中南米諸国に引き継がれてきた。中米のニカラグアでは、一九七九年六月九日にサンディニスタ民族解放戦線が首都攻撃を開始し、七月一八日に独裁者ソモサ大統領を辞任に追いこみ、アメリカへ亡命させて内戦を終結に導いた。その「サンディニスタ革命」を成功させたダニエル・オルテガ大統領に、カストロの思想は引き継がれた。

世界最大の原油埋蔵量を誇る南米のベネズエラでは、一九九九年にウーゴ・チャベスが大統領に選ばれ、彼の率いる社会主義政権が、真っ向から反米主義を掲げて、貧困層のための無料診療制度を実施し、キューバから二万人の医師と歯科医師の派遣を受けて、農場主の土地を接収して小作農民に分配する農地改革をおこなった。貧困層から圧倒的な支持を受けた彼は、二〇〇二年にCIA工作による軍部クーデターで失脚させられたが、ベネズエラ国民とラテンアメリカ諸国の強烈な反米世論によって反共クーデターは失敗に終り、大統領に復帰したチャベスは国連でも公然と、二〇〇三年のイラク攻撃を強行した息子ブッシュ大統領を「血に汚れた悪魔」と呼んで、全世界から喝采を浴びた。そのためチャベスは一面で独裁的な大統領でありながら、カストロの後継者として企業国有化の社会主義政策を強力に推進し、正義を貫く反米のカリスマ的な存在として中南米諸国のシンボルとなった。

グローバリズムに対して、〝地球上のあらゆる銀行の貨幣・紙幣をアメリカとヨーロッパの銀行が盗用するシンジケート団が、投資と貿易で第三世界を収奪している〟と痛烈に批判し、貧困層の生活改善に取り組んだ社会党のチャベスは、キューバのカストロと並ぶヒーローであった。これらの政策は、みなカストロに倣《なら》ってのことであった。

しかし社会主義政策に対してベネズエラ国内の商業界が抵抗しはじめ、国有化政策を嫌った富裕層が国外に逃れはじめたため経済が崩壊し、貧富の格差を解消できないまま、二〇一三年にチャベス大統領が病死した。その後、急激なインフレで経済破綻が表面化したため、二〇一五年一二月の議会選挙でベネズエラ統一社会党が敗北して、アメリカ傀儡《かいらい》の民主統一会議が勝利して議会を握った。それに対してチャベスの反米路線と社会主義路線を踏襲したニコラス・マドゥロ大統領は、抵抗する議会と激しく対立し、そこにアメリカから愚かなオバマ大統領のベネズエラ制裁が加えられ、世界的な原油価格の急落が経済悪化を加速させて悪循環に陥り、二〇一七年には八〇〇％のインフレのため食料や薬品も買えない先住民に餓死者が出るまでになった。

ブラジルやコロンビアへの出国者が激増し、強権をふるう大統領の退陣を求める大規模デモが各地でおこなわれて死者が多数発生し、混沌とした政情が続く中、マドゥロ大統領は、チャベスやカストロのように国民の圧倒的な支持を得ることなく、制憲議会を強引に設置して二〇一七年八月一八日に国会の権限を取り上げるという圧政を続けた。このような彼自身にも問題はあるが、そもそもこの混乱の最大の原因は、キューバが味わったと同じアメリカ政府の悪質な反社会主義政策にあった。

二〇〇三年には、北米自由貿易協定（NAFTA）のグローバリズムを中南米全土に拡大しようと目論んだアメリカが、米州自由貿易地域（FTAA）を提案したが、カストロが「これはアメリカによるラテンアメリカ占領政策だ」と批判の音頭をとると、キューバだけでなく、ベネズエラ、ボリビア、エクアドル、ドミニカ共和国、ニカラグア、ホンジュラス、アルゼンチン、チリ、ブラジルの反対で葬った。この国名を見ると、チェ・ゲバラを処刑したボリビアや独裁者トルヒーヨのドミニカ共和国をはじめとして、ほとんどが過去の圧政に苦しみ、かつてカストロに敵対した国なので驚かされる。

ブラジルは世界の金《きん》の六割を産出するエル・ドラド（黄金郷）のゴールドラッシュと、大農園主の支配下で黒人奴隷制が長く続いた国家で、アメリカ傀儡の軍事独裁体制のもとで工業化政策を推進させてきた。それは言うまでもなく、貧富の差を急拡大させるアメリカ式経済発展であり、一九八四年になるまで民政移管がおこなわれなかったが、一九八七年には社会主義国キューバと国交回復していたのである。ラテンアメリカで孤立したのはキューバではなく、大国アメリカであった。

大国ソ連は、崩壊後に時計の針が逆回りに動いて、〝反戦運動〟の中から生み出したロシア革命の貴重な遺産を、地球上に何も残せなかった。ところが小国キューバは、見事に現在まで、第三世界にキューバ民族主義革命の熱気を伝え続けている。ソ連は、キューバの足元にも及ばない。この違いはどこから生まれたのであろうか？

「人品骨柄卑《じんぴんこつがらいや》しからず」という言葉があるが、カストロ兄弟とチェ・ゲバラをはじめ、すべてのキューバ政府指導者が、衣・食・住のすべてに関して、国民とまったく同じ質素な生活を送り、常に無私で清廉潔白な政治を続けてきた。一人でも私腹を肥やす幹部が発見されれば、ただちに追放されるか、時には処刑さえもおこなわれてきた。キューバ国民は、たびたび苦しい生活に負い悩む状態に追いこまれたが、それでも決してカストロを見放さず、恨むことがなかったのは、そのためである。

カストロに言わせれば、キューバの社会主義は〝人類の先を歩む進歩した人間社会〟であり、それに対して、欧・米・日本の先進国が〝豊か〟と錯覚する文明社会は〝古い資本制システム〟という人間の前史にすぎないのである。つまり問題は、思想的イデオロギーの〝資本主義〟ではなく、〝文明の進歩に対する憧れ〟の精神が、詐欺と偽りに満ちた情報の洪水をもたらし、新たな形での〝近代的な奴隷制〟を生み出し、普通の人間の生活が濁流に巻きこまれていることなのだ。このような略奪システムは、一刻も早く終らせなければならない。人類の真の歴史がはじまるのはこれからなのである、と。

驚くほど真理をついた言葉だ。

長い歳月を織りこんだキューバの歴史を見て、フィデル・カストロと、彼の心の中に生き続けた熱血漢エルネスト・チェ・ゲバラと、二人の遺志を継いだラウル・カストロと、本書でほとんどその名を挙げなかった無数の同志たちが、のちの世代に希望を伝え続けることをめざして生き抜いてきた人生を見て、私は言葉に言い尽くせぬほどの深い感銘を受けた。正しい考えを持つだけではなく、それを伝え続けることに、真心の奥義《おうぎ》がある、と。

ラウル・カストロが政界トップの座を引退したあとには、キューバ政府が新たな体制に移行する。そして一時は「反米大陸化」したラテンアメリカ諸国にも、独善的なアメリカ合衆国の内政干渉によって、何度か揺り戻しが襲うだろう。しかし、たびたびの苦難を乗り越えてきたこれら国々の民衆は、決して過去の圧政時代には向かわない。その近未来を想像する時、どうかキューバ人と中南米諸国の民衆が、フィデル・カストロとチェ・ゲバラが生涯夢見たように、これからも平穏で、心豊かな生活を守り続けられるよう祈念してやまない。

あとがき

本書の執筆を通じてキューバの歴史をひもときながら、私が心中で新鮮な驚きを持って感じたことを記しておきたい。その最大の驚きとは、キューバ人と日本人の違いであった。カストロが語ったキューバの社会主義が〝人類の先を歩む進歩した人間社会〟であることは、当のキューバ人が誇りにしているだけでなく、勿論、私自身も、日本人のかなり多くの人間も理解し、同感できるはずである。また軍隊を持たない中米の平和国家コスタリカが「軍隊がなければ侵略を受けないのだよ。これこそがプーラ・ビーダ！（素晴らしい人生！）」と説きながら、近隣諸国の紛争をやめさせようとし、コスタリカ国民が日常をきわめて平穏に感じながら愉快に生活していることに対しては、日本国の平和憲法を守ろうとしている多くの日本人も共感できるはずである。

だが彼らに同感する私たち日本人は、なぜかキューバ人やコスタリカ人のようには、自分が住む国に、大きな自信を持てないのだ。ますます苛酷になる労働者の格差社会や、「大都市と、地方の小さな町村の偏差」と農民の疲弊や、強烈な軍国主義化が進んでいる日本の現実を見れば、到底この状況に納得できない。つまり自信を持って、日本を讃えられないのである。思想が一致しても、現実がそうなっていないからである。そこにキューバ人と日本人の違いがあるのだ。そうした感情が、深い胸の奥底から呼び覚まされる。

では、キューバの島が、日本の本州とほぼ同じ大きさであることは、何を意味するのだろうか。似たような島国でありながら、なぜこれほど違う国家になってしまったのか。

確かに、亜熱帯地方のキューバが、長い歳月にわたって植民地時代を過ごさなければならなかったのに対して、日本は、全体に温暖で、滋味豊かな気候風土がまったく違っている。日本は、南北を貫く山岳地帯が列島の背骨を形作り、河川が豊かで、涼気振る舞う山の空気と肥沃な土地に恵まれている。こうした大自然の風土の違いが、キューバ人と日本人の違いを生み出したのだろうか。

それともカリブ海の先住民と、奴隷貿易時代にアフリカから送りこまれた黒人が一体となって、彼らの体内に秘めた本能的なリズム感が、キューバ音楽のルンバ、マンボ、チャチャチャ、サルサを生んだ豊かな文化的風土となって、日本人との違いを生み出したのだろうか。

いや、そうしたことが違いの本質ではないと思う。人間の思考の差が、あまりにも大きいのだ。現代キューバ人の心の豊かさは、決して一朝一夕にして生まれたものではなかった。

私たちの住む国・日本が、いま直面している最大の問題は、東京・大阪・名古屋に代表される大都市に人間が集中してしまい、その結果、本来豊かな大自然に抱かれる小さな里山の農村地帯と、豊饒《ほうじょう》な海で栄えてきた漁村から人間が流出して、地方の人口が激減し、日本列島が全体として活気を失いつつあることであろう。あたかも第三世界の貧困国やイスラム教の紛争地域から大量の難民が西ヨーロッパやアメリカをめざして流出しているように、日本の国内で、似たような経済格差を生み出し、歪んだ形になっている。

それに対してキューバでは、本書でくわしく述べ、讃えてきた通り、全土に平等な社会主義革命を達成したフィデル・カストロが〝最初に取り組んだ事業〟は、繁栄する歓楽街・首都ハバナに集中していた経済資源を、独裁者が打ち捨てていた貧しい農村地帯に移しかえることであった。このような革命直後のスタート事業から、キューバ国民の熱気が生まれ、無償教育と無償医療を完遂する制度を全土に持続し、それを国民自らが成熟させてきた。そして半世紀以上たった現在も、南国の国土に光線がさしこむ時、眩《まばゆ》いばかりの色彩を浮かび上がらせるキューバという国家が、人々の瞳を輝かせているのだと思う。

もうひとつキューバと日本の違いは、アメリカ合衆国に対する接し方である。キューバ人はアメリカに敵対してきたと言われるが、彼らはアメリカ政府に不満を持つことはあっても、アメリカ合衆国という国家全体と、アメリカ文化やアメリカ文明を決して憎んではいない。だが彼らは、ヤンキー・スタイルでアメリカ化される社会を求めていない。むしろ正反対に、キューバ独自の文化をはるかに強く求め、愛している。キューバには、間違っても豪壮な邸宅を求める社会はなく、簡素な生活ながら、ほとんどの国民が日々に満足している。それに対して日本人は、アメリカ文明に劣等感を抱くかのように、政治・経済がアメリカの尺度で測られ、豊かさの意識がすっかりアメリカ化されている。この違いはどこに原因があるのだろうか。

チェ・ゲバラが日本の広島を訪れた時、彼の胸中に生じた最大の驚きと疑問は、アメリカ合衆国が原爆という狂気の爆弾を投下して、罪もない市民に残忍な殺戮《さつりく》をおこなったことを知りながら、そのアメリカに唯々諾々《いいだくだく》と従う日本人の姿であった。

「なぜ日本人は、これほど非道なことをしたアメリカに怒らないのか」と。

勿論ゲバラは、日本人がその時代におこなったアジアでの侵略行為は、絶対悪の帝国主義であるという正しい歴史認識を持って、過去の日本人の軍国ファシズム政治には憎悪と嫌悪感を抱いていたが、それとは別に、広島・長崎へのアメリカの原爆投下に対しても、烈しい怒りを抱いていたのだ。

この認識の違いに対して、私たち日本人には、言い分がある。第二次世界大戦で無条件降伏した惨めな敗戦後に、アメリカ人によって兇悪な軍国主義から解放されたために、その後の自由な思考がすっかりアメリカ化されたからである。それはまぎれもない史実である。しかし、である。同時代に、その陰で、アメリカ人（アメリカ政府）が中南米のラテンアメリカ諸国に対してどれほど残酷で横暴な軍事侵略と経済侵略を続けてきたかという史実について、日本人はあまりも知らなすぎた。中南米でおこなわれたアメリカの暴虐な武力支配について、本書でもいくつかの実例を記述したが、それはカストロとゲバラをして、死を覚悟したゲリラ戦に向かわせたほど、すさまじいものであった。それを教えてくれたのが、キューバ革命史であった。本書を執筆しながら痛切に感じたのは、そのことである。

したがってキューバ革命史は、ラテンアメリカ史の単なる一章ではない。フィデル・カストロとチェ・ゲバラという二人の図抜けた賢人がいたからこそ成功した、二〇世紀最大の偉大な出来事であった。この革命の渦中を通じて、二人が語った反骨的な言葉の数々と、己の命を顧みない犠牲的で実践的な行動力が、中南米全体に今日の誇りある大変革をもたらしたのだ。カストロとゲバラの情熱的哲学と明晰な頭脳なしには、キューバの民族主義革命は決して起こらなかった。また二人なしには、現在のキューバ国民が第三世界に対して取り組んでいる人道的救済活動のひとつも育《はぐく》まれなかったであろう。

その間、フィデル・カストロは、ゲバラの死後も「チェ・ゲバラは生きている」と胸の内に思い続けた。この熱い友情は、初めて二人がメキシコで運命の出会いをし、意気投合して以来、ゲリラ戦を共に戦ってきた同志に対するまことに気高い感情であった。そして四四年前のゲバラの足跡をたどるように、カストロは二〇〇三年三月に広島を訪れ、慰霊碑に献花したあと、芳名録に「このような野蛮な行為を決して再び犯すことのないように」と記した。このようにして胸中のチェ・ゲバラを守り続け、亡き友ゲバラの声に耳を傾け続けたからこそ、カストロは社会主義に人間の血を通わせることができたのだ。

その意味で、一九五九年のキューバ革命達成のあと、キューバ人がカストロとゲバラの姿を凝視しながら体験した、この半世紀以上の苦難と波乱に満ちた歳月は、私たちを底知れぬ瞑想に深く沈ませる。どれほど貴重な出来事の積み重ねであっただろうか、と想像できる。

人格者のカストロとゲバラは、一種冒しがたい風格と知性を備え、この地球が生んだ類稀《たぐいまれ》な偉大なる人物であった。二人に、永遠の敬意を払いたい。そして私たち日本人は、国家や国境という狭い料簡を捨てて、カストロとゲバラの遺志を継ぐキューバ国民の人道的救済活動を世界的に支え続けなければならない。いま強く、そう思う。

二〇一八年一月

広瀬　隆

◆資料――本書の参考文献として、『フィデル・カストロ――カリブ海のアンチヒーロー』(カストロと親交したタッド・シュルツ著、新庄哲夫編訳、高沢明良訳、文藝春秋、一九九八年四月一日初版)は、フィデル・カストロの人生と活動について正確無比の記録を残した好著である。また『カストロ』(イギリス人のキューバ大使だったレイセスター・コルトマン著、岡部広治監訳、大月書店、二〇〇五年四月一日初版)も同様に膨大な出来事の記録を正確に記述している。キューバ革命が勝利するまでのゲリラ戦と、チェ・ゲバラ最後の戦いまでの劇的な日々の正確な記録については『チェ・ゲバラ――旅、キューバ革命、ボリビア』(ラテンアメリカ研究者・伊高浩昭著、中公新書、二〇一五年七月二五日初版)を参照し、フィデル・カストロの若い時代と最初の武装蜂起およびキューバ革命後の国際的な政治動向については『カストロ――民族主義と社会主義の狭間で』(元キューバ大使・宮本信生著、中公新書、一九九六年三月一五日初版)を参照した。フィデル・カストロの社会主義思想については、『同志諸君!――フィデル・カストロ 反グローバリズム演説集』(安濃一樹訳、水木章子解説、こぶし書房、二〇〇九年九月三〇日初版)が、カストロの性格を知る上で、まことに興味深かった。『ゲバラの実像』(平山亜理著、朝日新聞出版、二〇一六年二月二八日初版)は、朝日新聞ハバナ支局長の著者が、ゲバラの知人・友人・家族から直接聞き取った膨大な事実を丹念に記述して、ゲバラの人生を見事に現代社会に甦らせ、感動的な内容であった。

一方、『カストロ家の真実――CIAに協力した妹が語るフィデルとラウール』（フィデル・カストロの妹ファーナ・カストロ＝ルス著、伊高浩昭訳、中央公論新社、二〇一二年三月一〇日初版）、"BACK CHANNEL TO CUBA――The Hidden History of Negotiations Between Washington and Havana"［キューバとの裏チャンネル――ワシントン・ハバナ間の交渉に隠された歴史］（William M. LeoGrande & Peter Kornbluh 著、The University of North Carolina Press, October13, 2014）なども参照した。

これらの内容には、アメリカ合衆国がおこなった悪事にまったくふれずに、カストロ革命を一方的に罵倒する欠陥も見られるが、それは、よき反面教師となった。

図版制作　タナカデザイン
本文写真　アマナイメージズ
　　　　　中國新聞社

広瀬 隆《ひろせ たかし》

作家。一九四三年、東京生まれ。早稲田大学卒業。世界史、日本史、原発問題など幅広い分野で執筆を続ける。『ロシア革命史入門』（インターナショナル新書）、『日本近現代史入門』（集英社インターナショナル）、『アメリカの経済支配者たち』（集英社新書）、『原子炉時限爆弾――大地震におびえる日本列島』（ダイヤモンド社）など多くの著書がある。

インターナショナル新書〇二〇

カストロとゲバラ

二〇一八年二月一二日 第一刷発行

著 者 広瀬《ひろせ》 隆《たかし》
発行者 椛島良介
発行所 株式会社 集英社インターナショナル
〒一〇一-〇〇六四 東京都千代田区神田猿楽町一-五-一八
電話 〇三-五二一一-二六三〇
発売所 株式会社 集英社
〒一〇一-八〇五〇 東京都千代田区一ツ橋二-五-一〇
電話 〇三-三二三〇-六〇八〇（読者係）
〇三-三二三〇-六三九三（販売部）書店専用
装 幀 アルビレオ
印刷所 大日本印刷株式会社
製本所 加藤製本株式会社

 Printed in Japan ISBN978-4-7976-8020-1 C0222

インターナショナル新書

018

サラリーマンの力

亀渕昭信

オールナイトニッポン伝説のDJにして、ニッポン放送元社長という、会社員人生を極めた著者が、企画力や営業力の重要性、社内政治の対処法など、会社と共に生き、チャンスをつかむ方法を伝授する。吉田拓郎氏推薦！

019

ファシズムの正体

佐藤 優

世界各国で響き始めたファシズムの足音。その流れに抗するためには「ファシズムの論理」を正確に理解する必要がある。ムッソリーニのファシズム、ヒトラーのナチズム、戦前日本の軍国主義の違いとは？　ファシズムの本質に迫る。

020

「最前線の映画」を読む

町山智浩

『ラ・ラ・ランド』はラブ・ロマンスにあらず。韓国映画『コクソン／哭声』が異色の宗教映画と言われるわけは？　スコセッシ監督が遠藤周作の『沈黙』の映画化にこだわった理由とは？　映画に隠された「秘密」を解き明かす！

022

ＡＩに心は宿るのか

松原 仁

独創的な物語を紡ぎ、プロ棋士を凌駕する知能すら獲得したＡＩが、アトムのように「心」を宿す日は来るのか？　長年汎用人工知能の研究を続けてきた著者が、ＡＩ社会の未来を予見する。羽生善治永世七冠との対談を収録！